ⓦ 완자

공부력

KB129323

ⓠ 왜 공부력을 키워야 할까요?

쓰기력

정확한 의사소통의 기본기이며 논리의 바탕

연필을 잡고 종이에 쓰는 것을 괴로워한다!
맞춤법을 몰라 정확한 쓰기를 못한다!
말은 잘하지만 조리 있게 쓰는 것이 어렵다!
그래서 글쓰기의 기본 규칙을 정확히 알고
써야 공부 능력이 향상됩니다.

어휘력

교과 내용 이해와 독해력의 기본 바탕

어휘를 몰라서 수학 문제를 못 푼다!
어휘를 몰라서 사회, 과학 내용 이해가 안 된다!
어휘를 몰라서 수업 내용을 따라가기 어렵다!
그래서 교과 내용 이해의 기본 바탕을
다지기 위해 어휘 학습을 해야 합니다.

독해력

모든 교과 실력 향상의 기본 바탕

글을 읽었지만 무슨 내용인지 모른다!
글을 읽고 이해하는 데 시간이 오래 걸린다!
읽어서 이해하는 공부 방식을 거부하려고 한다!
그래서 통합적 사고력의 바탕인 독해 공부로
교과 실력 향상의 기본기를 닦아야 합니다.

계산력

초등 수학의 핵심이자 기본 바탕

계산 과정의 실수가 잦다!
계산을 하긴 하는데 시간이 오래 걸린다!
계산은 하는데 계산 개념을 정확히 모른다!
그래서 계산 개념을 익히고 속도와 정확성을
높이기 위한 훈련을 통해 계산력을 키워야 합니다.

세상이 변해도
배움의 즐거움은
변함없도록

시대는 빠르게 변해도
배움의 즐거움은
변함없어야 하기에

어제의 비상은
남다른 교재부터
결이 다른 콘텐츠
전에 없던 교육 플랫폼까지

변함없는 혁신으로
교육 문화 환경의 새로운 전형을
실현해왔습니다.

비상은 오늘, 다시 한번
새로운 교육 문화 환경을 실현하기 위한
또 하나의 혁신을 시작합니다.

오늘의 내가 어제의 나를 초월하고
오늘의 교육이 어제의 교육을 초월하여
배움의 즐거움을 지속하는 혁신,

바로, 메타인지 기반 완전 학습을.

상상을 실현하는 교육 문화 기업 비상

메타인지 기반 완전 학습

초월을 뜻하는 meta와 생각을 뜻하는 인지가 결합한 메타인지는
자신이 알고 모르는 것을 스스로 구분하고 학습계획을 세우도록 하는
궁극의 학습 능력입니다. 비상의 메타인지 기반 완전 학습 시스템은
잠들어 있는 메타인지를 깨워 공부를 100% 내 것으로 만들도록 합니다.

완자

공부력

초등 한국사 독해
시대편 1

초등 한국사 독해 시대편 한눈에 보기

시대편 1권

한국사 주요 주제		
선사 시대 ~ 남북국 시대	선사 문화와 고조선	구석기, 신석기, 청동기, 철기 시대
		우리 역사 최초의 국가, 고조선
		고조선의 발전과 사회 모습
		철기 시대의 여러 나라
	삼국의 성립과 발전	백제의 성립과 발전
		고구려의 성립과 발전
		신라의 성립과 발전
		가야 연맹의 성립과 발전
	삼국의 문화와 대외 교류	삼국 사람들의 생활 모습
		삼국의 종교와 학문
		삼국의 과학과 기술
		삼국의 고분 문화
		삼국과 가야의 대외 교류
	신라의 삼국 통일	수·당의 고구려 침입과 격퇴
		신라의 삼국 통일
	남북국의 발전과 변화	통일 신라의 통치 체제 정비
		통일 신라의 불교문화
		발해의 건국과 발전
		발해의 문화
		신라 말의 혼란과 후삼국의 성립

시대편 2권

한국사 주요 주제		
고려 시대	고려의 건국과 통치 체제 정비	후삼국을 통일한 고려
		태조 왕건의 정책
		왕권의 안정과 체제 정비
	고려의 대외 관계	거란의 침입과 격퇴
		여진의 침입과 별무반의 편성
		고려와 주변 국가의 교류
	고려의 정치 변화	고려 문벌의 성립과 이자겸의 난
		묘청의 서경 천도 운동
		무신 정변과 무신 정권의 성립
		무신 정권기 백성의 삶
	몽골의 침략과 고려의 개혁	몽골의 침략과 고려의 대응
		몽골과의 전쟁으로 인한 피해와 강화
		원의 간섭과 권문세족의 성장
		공민왕의 개혁 정치
		고려 말 새롭게 등장한 세력
	고려의 생활과 문화	고려의 신분제와 가족 제도
		불교와 유학의 발달
		고려의 인쇄술 발달
		고려 시대 역사책의 편찬
		고려 시대의 공예와 불화

한국사 주요 주제를 반영한 글감을 통해
풍부한 역사 지식과 독해 실력을 키워요!

특징과 활용법

✳ 글을 읽고 문제를 풀면서 독해 능력을 키워요.

✳ 글의 흐름을 파악하면서 한국사 주요 사건에 대한
지식을 습득해요.

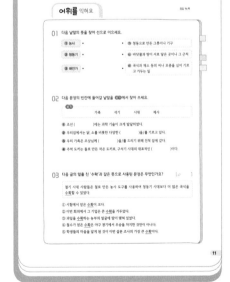

✳ 글에 나온 한국사 어휘를 다양한
문제를 통해 재미있게 익혀요.

- ✅ 책으로 하루 4쪽 공부하며, 초등 독해력을 키워요!
- ✅ 모바일앱으로 공부한 내용을 복습하고 몬스터를 잡아요!

공부한 내용 확인하기

✳ 20일 동안 공부한 내용을 정리 💡 해 보며 자기의 실력을 확인해요.

모바일앱으로 복습하기

앱 다운받기

책 인증하기

✳ 그날 배운 내용을 바로바로, 또는 주말에 모아서 복습하고, 다이아몬드 획득까지! 💎 공부가 저절로 즐거워져요!

차례

우리도 하루 4쪽 공부 습관!
스스로 공부하는 힘을
키워 볼까요?

큰 습관이
지금은 그 친구를 이끌고 있어요.
매일매일의 좋은 습관은 우리를 좋은
곳으로 이끌어줄 거예요.

한 친구가
작은 습관을 만들었어요.

매일매일의 시간이 흘러
작은 습관은 큰 습관이 되었어요.

구석기, 신석기, 청동기, 철기 시대

글을 읽으면서 중요하다고 생각하는 낱말에 색칠해 보세요.

가 사람이 처음 나타난 때로부터 글자로 역사를 기록하기 시작한 초기 사람들의 생활 모습은 그들이 사용한 ❶도구로 짐작할 수 있어요. 옛날 사람들은 돌로 도구를 만들다가 점차 금속으로 도구를 만들었고, 도구가 변하면서 사람들의 생활 모습도 많이 달라졌답니다.

나 주로 돌로 도구를 만든 ❷석기 시대는 도구를 만드는 방법에 따라 구석기 ❸시대와 신석기 시대로 구분할 수 있어요. 구석기 시대에는 돌을 깨뜨리거나 나무를 이용해서 생활 도구를 만들었어요. 이 시기 사람들은 동물의 가죽이나 풀잎으로 만든 옷을 입었고, 산과 들에서 열매를 따거나 동물을 사냥해 먹을거리를 얻었어요. 사람들은 주로 동굴이나 바위 그늘에서 살면서 추위를 견디고 동물의 공격도 피하였지요.

다 신석기 시대 사람들은 돌이나 동물 뼈를 갈고 다듬어 더 좋은 도구를 만들었어요. 흙으로 그릇을 만들고 식물에서 얻은 실로 옷감을 짜서 옷도 만들어 입었지요. 강에서 물고기와 조개를 잡았으며, ❹농사를 짓고 ❺가축을 기르기도 하였어요. 그리고 강가나 ❻해안가에 모여 살기 시작하였답니다.

라 사람들이 청동과 같은 금속으로 도구를 만들어 사용하기 시작한 시대는 청동기 시대라고 불러요. 청동은 재료를 구하기 힘들고 단단하지 않아 무기나 장신구, ❼제사 도구 등을 만드는 데 주로 쓰였고, 농사를 지을 때나 일상생활에서는 여전히 돌과 나무로 만든 도구를 사용하였어요.

마 사람들은 점차 청동보다 훨씬 단단한 철로 도구를 만들기 시작하였어요. 이 시기를 철기 시대라고 해요. 철은 청동보다 구하기 쉽고 단단하여 농사 도구, 무기 등 다양한 도구를 만드는 데 사용하였어요. 사람들은 철로 만든 농사 도구를 사용하여 더 많은 곡식을 ❽수확할 수 있었지요. 철로 만든 튼튼한 무기를 가진 사람들은 전쟁에서 쉽게 이길 수 있었고, 이에 따라 전쟁도 자주 일어났답니다.

정답 96쪽

중심 낱말 찾기

01 각 문단의 중심 낱말에 ◯표 하세요.

가 문단: 옛날 사람들이 사용한 [노래 / 도구]를 통해 생활 모습을 짐작할 수 있다.

나 문단: [구석기 / 청동기] 시대에는 돌이나 나무를 이용해서 도구를 만들었다.

다 문단: [구석기 / 신석기] 시대 사람들은 농사를 지었다.

라 문단: [돌 / 청동]은 무기나 장신구, 제사 도구 등을 만드는 데 주로 쓰였다.

마 문단: 사람들은 [철 / 청동](으)로 만든 농사 도구로 많은 곡식을 수확하였다.

내용 이해

02 이 글의 내용과 일치하는 것은 무엇인가요? [ ]

① 구석기 시대 사람들은 농사를 지었다.

② 철기 시대에는 전쟁이 자주 일어났다.

③ 철로 도구를 만든 시대를 신석기 시대라고 한다.

④ 청동은 주로 농사 도구를 만드는 데 사용하였다.

⑤ 청동기 시대에는 돌과 나무로 도구를 만들지 않았다.

내용 이해

03 다음과 같은 모습이 나타난 이유를 이 글에서 찾아 쓰세요.

청동기 시대에 청동으로는 주로 무기나 장신구, 제사 도구 등을 만들고, 농사를 지을 때나 일상생활에서는 여전히 돌과 나무로 만든 도구를 사용하였다.

---

❶ **도구**: 일을 할 때 쓰는 연장을 통틀어 이르는 말
❷ **석기**: 돌로 만든 여러 가지 생활 도구
❸ **시대**: 역사적으로 어떤 표준에 의해 구분한 일정한 기간
❹ **농사**: 곡식과 채소 등의 씨나 모종을 심어 기르고 거두는 일

❺ **가축**: 집에서 기르는 짐승
❻ **해안가**: 바닷물과 땅이 서로 닿은 곳이나 그 근처
❼ **제사**: 신령이나 죽은 사람의 넋에게 음식을 바치어 정성을 나타내는 의식
❽ **수확**: 익은 농작물을 거두어들임.

04 철기 시대에 대한 설명으로 알맞은 것은 무엇인가요? [✎]

① 농사를 짓기 시작하였다.

② 전쟁이 일어나지 않았다.

③ 철로 만든 농사 도구를 사용하였다.

④ 주로 동굴이나 바위 그늘에서 살았다.

⑤ 구석기 시대와 신석기 시대로 구분할 수 있다.

05 다음은 이 글의 구조를 나타낸 것이에요. ㉠에 들어갈 알맞은 말을 쓰세요.

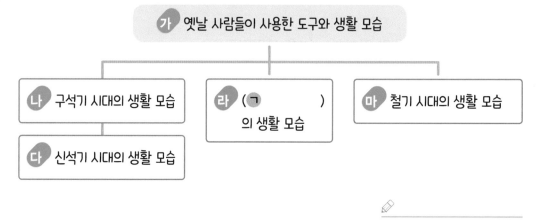

㉮ 옛날 사람들이 사용한 도구와 생활 모습

㉯ 구석기 시대의 생활 모습

㉰ 신석기 시대의 생활 모습

㉭ (㉠) 의 생활 모습

㉮ 철기 시대의 생활 모습

✎ _____

06 구석기 시대 사람이 쓸 수 있는 일기 내용으로 알맞은 것을 모두 골라 기호를 쓰세요.

오늘은 아버지와 함께 ㉠ 동물을 사냥하였다. ㉡ 사냥할 때에는 돌을 깨뜨려서 만든 도구를 사용하였다. 저녁에는 사냥한 동물과 ㉢ 올해 농사지은 곡식으로 음식을 만들어 가족이 함께 먹었다. 음식을 담은 그릇은 얼마 전에 어머니가 ㉣ 흙으로 만든 그릇으로, 바닥이 뾰족해서 땅에 잘 고정이 되었다. 내일은 동네 사람들이 ㉤ 청동으로 제사 도구를 만든다고 해서 동생과 구경을 가기로 하였다.

✎ _____

어휘를 익혀요

01 다음 낱말의 뜻을 찾아 선으로 이으세요.

1 농사 •

2 청동기 •

3 해안가 •

• ㄱ 청동으로 만든 그릇이나 기구

• ㄴ 바닷물과 땅이 서로 닿은 곳이나 그 근처

• ㄷ 곡식과 채소 등의 씨나 모종을 심어 기르고 거두는 일

02 다음 문장의 빈칸에 들어갈 낱말을 **보기**에서 찾아 쓰세요.

> **보기**
>
> 가축   석기   시대   제사

1 조선 (   )에는 과학 기술이 크게 발달하였다.

2 우리집에서는 닭, 소를 비롯한 다양한 (   )을/를 기르고 있다.

3 우리 가족은 조상님께 (   )을/를 드리기 위해 친척 집에 갔다.

4 주먹 도끼는 돌로 만든 작은 도끼로, 구석기 시대의 대표적인 (   )이다.

03 다음 글의 밑줄 친 '수확'과 같은 뜻으로 사용된 문장은 무엇인가요?   [✎   ]

> 철기 시대 사람들은 철로 만든 농사 도구를 사용하여 청동기 시대보다 더 많은 곡식을 <u>수확</u>할 수 있었다.

① 시험에서 얻은 <u>수확</u>이 크다.

② 이번 회의에서 그 기업은 큰 <u>수확</u>을 거두었다.

③ 과일을 <u>수확</u>하는 농부의 얼굴에 땀이 맺혀 있었다.

④ 철수가 얻은 <u>수확</u>은 야구 경기에서 우승을 차지한 것만이 아니다.

⑤ 학생들의 마음을 알게 된 것이 이번 설문 조사의 가장 큰 <u>수확</u>이다.

02 우리 역사 최초의 국가, 고조선

글을 읽으면서 중요하다고 생각하는 낱말에 색칠해 보세요.

가 청동기 시대에는 ^①권력을 가진 사람이 나타나 다른 사람들을 지배하기 시작하였어요. 큰 힘을 가진 세력은 주변 세력을 ^②정복해 나갔고, 이 과정에서 단군왕검이 우리 역사 최초의 국가인 고조선을 세웠답니다. 역사책인 『삼국유사』에는 고조선의 건국 이야기가 실려 있는데, 이를 통해 고조선의 건국 과정과 당시의 사회 모습을 짐작할 수 있어요.

나 다음은 『삼국유사』에 실린 고조선의 건국 이야기예요. 옛날에 하늘을 다스리던 환인에게 환웅이라는 아들이 있었어요. 환웅은 인간 세상을 다스리고 싶어 하였어요. 그리하여 ㉠ 환웅은 바람, 비, 구름을 다스리는 신하 등 무리 삼천 명을 이끌고 인간 세상에 내려왔어요. 이때 곰 한 마리와 호랑이 한 마리가 환웅을 찾아와 사람이 되게 해 달라고 빌었어요. 환웅은 곰과 호랑이에게 쑥과 마늘을 주면서 "이것을 먹으면서 100일 동안 햇빛을 보지 않으면 사람의 모습이 될 것이다."라고 하였지요. 곰은 이 말을 지켜 여자(웅녀)로 변해 환웅과 결혼하고 단군왕검을 낳았어요. 단군왕검은 아사달에 ^③도읍을 정하고 고조선을 건국하였답니다.

다 이와 같은 고조선의 건국 이야기에 담긴 뜻을 알면 고조선이 세워진 당시의 사회 모습을 짐작할 수 있어요. 환웅이 하늘에서 내려왔다는 것은 고조선의 지배자가 하늘로부터 온 ^④자손임을 내세워 뛰어난 존재임을 강조한 것이지요. 환웅이 거느린 바람, 비, 구름을 다스리는 신하는 농사에 중요한 날씨와 관련된 것으로, 당시 사람들이 농사를 중요하게 여긴 것을 알 수 있어요. 곰과 호랑이 중 곰이 사람으로 변한 뒤 환웅과 결혼하였다는 것은 곰을 ^⑤섬기는 ^⑥부족과 환웅 부족이 ^⑦연합한 사실을 짐작하게 해요. 단군왕검의 '단군'은 하늘에 제사를 지내는 제사장을 의미하고, '왕검'은 나라를 이끄는 정치 지도자를 의미하는 것으로, 고조선의 지배자는 정치와 제사를 모두 담당하였음도 알 수 있어요.

글을 이해해요

정답 97쪽

중심 낱말 찾기

01 각 문단의 중심 낱말을 찾아 쓰세요.

가 문단: ☐☐☐ 의 건국

나 문단: 고조선의 ☐☐ 이야기

다 문단: 고조선이 세워진 당시의 ☐☐ 모습

내용 이해

02 고조선을 건국한 사람이 누구인지 이 글에서 찾아 쓰세요.

✎

내용 이해

03 다음 내용이 맞으면 ○, 틀리면 ✕에 표시하세요.

1 고조선은 철기 시대에 세워졌다. [○ / ✕]

2 청동기 시대에는 권력을 가진 사람이 나타났다. [○ / ✕]

내용 이해

04 ㉠을 통해 알 수 있는 고조선의 사회 모습으로 알맞은 것은 무엇인가요? [✎   ]

① 개인의 재산을 인정하였다.

② 농사를 중요하게 생각하였다.

③ 생명을 소중하게 생각하였다.

④ 철기 문화를 바탕으로 발전하였다.

⑤ 큰 죄는 법으로 엄격하게 다스렸다.

---

❶ **권력**: 남을 복종시키거나 지배할 수 있는 권리와 힘

❷ **정복**: 남의 나라나 다른 민족 등을 정벌하여 복종시킴.

❸ **도읍**: 한 나라의 수도

❹ **자손**: 자식과 손자, 또는 여러 세대가 지난 뒤의 자녀를 통틀어 이르는 말

❺ **섬기는**: 신이나 윗사람을 잘 모시어 받드는

❻ **부족**: 공통의 언어를 사용하고, 일정한 공통 영역을 가지며, 동질적인 문화와 전통을 가진 사람들의 집단

❼ **연합**: 두 가지 이상의 사물이 서로 합동하여 하나의 조직체를 만드는 일

05 다음 중 검색 결과로 알맞지 <u>않은</u> 것은 무엇인가요? 　[✎ 　]

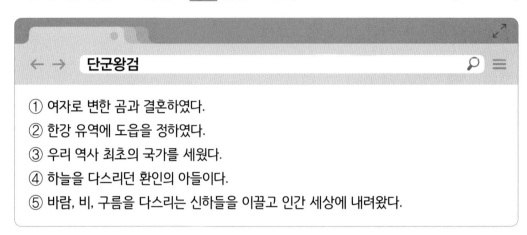

① 여자로 변한 곰과 결혼하였다.
② 한강 유역에 도읍을 정하였다.
③ 우리 역사 최초의 국가를 세웠다.
④ 하늘을 다스리던 환인의 아들이다.
⑤ 바람, 비, 구름을 다스리는 신하들을 이끌고 인간 세상에 내려왔다.

06 다음 고조선의 모습을 짐작하게 하는 내용을 보기 에서 골라 기호를 쓰세요.

보기
㉠ 곰이 사람으로 변한 뒤 환웅과 결혼하였다.
㉡ 단군왕검의 아버지인 환웅은 하늘에서 내려왔다.
㉢ '단군'은 제사장을, '왕검'은 정치 지도자를 말한다.

❶ 곰을 섬기는 부족과 환웅 부족이 합쳐졌다.　[✎ 　]

❷ 고조선의 지배자는 정치와 제사를 모두 담당하였다.　[✎ 　]

❸ 고조선의 지배자가 하늘로부터 온 뛰어난 존재임을 강조하였다.　[✎ 　]

07 이 글을 읽고 짐작한 내용으로 알맞지 <u>않은</u> 것은 무엇인가요?　[✎ 　]

① 고조선은 평등한 사회를 이루었구나.
② 고조선 사람들은 농사를 통해 먹을 것을 얻었구나.
③ 단군왕검은 하늘에 제사를 지내면서 나라를 다스렸구나.
④ 청동기 시대에 정복 활동이 일어나면서 국가가 생겨났구나.
⑤ 호랑이를 섬기는 부족과 곰을 섬기는 부족이 환웅 부족과 연합하길 원하였구나.

어휘를 익혀요

01 다음 뜻을 나타내는 낱말을 쓰세요.

① 한 나라의 수도 ☐☐

② 남의 나라나 다른 민족 등을 정벌하여 복종시킴. ☐☐

③ 자식과 손자, 또는 여러 세대가 지난 뒤의 자녀를 통틀어 이르는 말 ☐☐

④ 공통의 언어를 사용하고, 일정한 공통 영역을 가지며, 동질적인 문화와 전통을 가진 사람들의 집단 ☐☐

02 다음 밑줄 친 낱말과 바꾸어 쓸 수 있는 낱말을 선으로 이으세요.

① 그 가문은 대대로 <u>권세</u>를 누렸다. •

② 영희는 학교에서 친구들과 <u>떼</u>를 지어 다녔다. •

③ 백제의 성왕은 교통이 편리하고 평야 지대인 사비로 <u>수도</u>를 옮겼다. •

• ㄱ 권력

• ㄴ 도읍

• ㄷ 무리

03 다음 빈칸에 공통으로 들어갈 낱말로 알맞은 것은 무엇인가요? [✎]

• 신라는 중국의 당나라와 ( )하여 백제와 고구려를 공격하였다.
• 세 개의 환경 운동 단체가 ( )하여 벌인 이번 캠페인은 환경 오염을 줄이는 데 도움을 줄 수 있을 것이다.

① 단절 ② 배출 ③ 연합 ④ 정복 ⑤ 조합

고조선의 발전과 사회 모습

글을 읽으면서 중요하다고 생각하는 낱말에 색칠해 보세요.

가 고조선은 중국과는 다른 ①독자적인 청동기 문화를 형성하며 성장하였어요. 비파형 동검과 탁자식 고인돌이 대표적이지요. 만주와 한반도 서북부 지역에서는 비파형 동검과 탁자식 고인돌이 많이 발견되었는데, 이를 통해 고조선의 문화가 뻗어 나간 범위를 짐작할 수 있답니다. 고조선은 점차 철기 문화를 받아들여 나라의 힘을 키웠어요. 왕권이 강화되면서 왕위를 세습하고 왕 밑에 관직을 두기도 하였지요.

나 기원전 2②세기 초에는 고조선에 들어온 위만이 준왕을 몰아내고 ③왕위를 차지해 새로운 고조선의 왕이 되었어요. 위만이 ④집권한 이후 고조선은 본격적으로 철기 문화를 받아들였어요. 고조선은 철기의 사용으로 농업이 발전하여 농업 생산력이 증가하는 한편, 주변 나라를 정복하여 더욱 세력을 넓혀 나갔답니다.

다 고조선은 사회 질서를 유지하기 위해 법을 만들었어요. 당시에 있었던 8개의 법 조항 중 현재는 3개만 전해지고 있는데, 이를 통해 고조선의 사회 모습을 알 수 있답니다. '사람을 죽인 자는 사형에 처한다.'라는 조항은 고조선 사람들이 생명을 소중하게 생각하였음을 짐작하게 해요. '남에게 ⑤상해를 입힌 사람은 곡식으로 갚아야 한다.'라는 조항은 당시에 ⑥사유 재산을 인정하였음을 보여 주지요. '남의 물건을 훔친 사람은 데려다 노비로 삼으며, 죄를 면하려면 50만 전을 내야 한다.'라는 조항의 '노비', '50만 전'을 통해 당시에 각각 ⑦신분 제도와 화폐의 개념이 있었음도 짐작할 수 있답니다.

라 중국의 한나라는 강해지는 고조선에 불안을 느껴 대규모 군대를 이끌고 고조선을 침략하였어요. 고조선은 약 1년간 한나라에 맞서 끈질기게 저항하였지요. 그러나 전쟁이 길어지면서 일부 고조선 사람들은 한반도의 남부 지역으로 흩어졌어요. 그리고 마침내 수도인 왕검성이 ⑧함락되어 우리나라 최초의 국가인 고조선은 멸망하게 되었답니다.

글을 이해해요

정답 98쪽

01 각 문단의 중심 낱말에 ◯표 하세요.

가 문단: 고조선은 독자적인 [철기 / 청동기] 문화를 형성하며 성장하였다.

나 문단: 고조선은 [석기 / 철기]의 사용으로 농업 생산력이 증가하였다.

다 문단: 고조선은 사회 질서를 유지하기 위해 [법 / 종교]을/를 만들었다.

라 문단: 고조선은 한나라의 침략으로 [성장 / 멸망]하였다.

내용 이해

02 고조선에 대한 설명으로 알맞지 <u>않은</u> 것은 무엇인가요?　　　[✎　　　]

① 왕 밑에 관직을 두었다.

② 독자적인 청동기 문화를 형성하며 성장하였다.

③ 기원전 2세기 초에 준왕이 위만을 몰아내었다.

④ 8개의 법 조항이 있었는데, 현재는 3개만 전해진다.

⑤ 한나라의 침입에 맞서 약 1년간 끈질기게 저항하였다.

내용 이해

03 이 글을 통해서 알 수 있는 내용에 ◯표 하세요.

고조선의 법 조항 　☐　　　고조선의 사회 모습 　☐

고조선의 건국 이야기 　☐

고조선이 침략한 나라 　☐　　　고조선을 멸망시킨 나라 　☐

---

❶ **독자적:** 다른 것과 구별되는 혼자만의 특유한 것

❷ **세기:** 백 년을 단위로 하는 기간

❸ **왕위:** 임금의 자리

❹ **집권:** 권세나 정권을 잡음.

❺ **상해:** 남의 몸에 상처를 내어 해를 끼침.

❻ **사유:** 개인이 사사로이 소유함. 또는 그런 소유물

❼ **신분:** 개인의 사회적인 위치나 계급

❽ **함락:** 요새나 성, 군대의 진지 등이 공격을 받아 무너짐.

04 다음 법 조항과 이를 통해 알 수 있는 사회 모습을 선으로 이으세요.

법 조항		사회 모습

1 사람을 죽인 자는 사형에 처한다. •

2 남에게 상해를 입힌 사람은 곡식으로 갚아야 한다. •

3 남의 물건을 훔친 사람은 데려다 노비로 삼으며, 죄를 면하려면 50만 전을 내야 한다. •

• **ㄱ** 사유 재산을 인정하였다.

• **ㄴ** 생명을 소중하게 생각하였다.

• **ㄷ** 신분 제도와 화폐의 개념이 있었다.

05 다음을 통해 알 수 있는 고조선의 모습을 바르게 말한 어린이는 누구인지 쓰세요.

고조선에서는 왕위를 세습하고 왕 밑에 관직을 두었다.

기영	왕권이 강화되었어요.
다인	철기 문화를 받아들였어요.
승우	사람들의 생명을 소중하게 생각하였어요.

06 (가), (나) 중 고조선의 세력 범위를 나타낸 지도의 기호를 쓰세요.

(가)   (나)

탁자식 고인돌 분포 지역
비파형 동검 분포 지역

상경 용천부
동경 용원부
중경 현덕부
서경 압록부
남경 남해부

● 5경의 위치

어휘를 익혀요

01 다음 낱말의 뜻을 찾아 선으로 이으세요.

1 상해 •

2 신분 •

3 함락 •

• ㄱ 개인의 사회적인 위치나 계급

• ㄴ 남의 몸에 상처를 내어 해를 끼침.

• ㄷ 요새나 성, 군대의 진지 등이 공격을 받아 무너짐.

02 다음 밑줄 친 낱말의 뜻을 보기에서 찾아 기호를 쓰세요.

보기

ㄱ 권력이나 기세의 힘
ㄴ 어떤 힘이나 조건에 굽히지 아니하고 거역하거나 버팀.
ㄷ 한 집안의 재산이나 신분, 직업 등을 대대로 물려주고 물려받음.
ㄹ 남의 나라를 불법으로 쳐들어가서 그 나라의 것을 억지로 빼앗음.

1 그 토지는 부모로부터 세습받은 것이다. (   )

2 발해는 고구려의 옛 영토를 거의 되찾고 세력을 크게 떨쳤다. (   )

3 고려 말에는 외적이 자주 침략해서 백성들의 생활이 어려워졌다. (   )

4 독립운동가들은 일본 경찰에게 저항하다가 목숨을 잃기도 하였다. (   )

03 다음 글에서 밑줄 친 낱말과 바꾸어 쓸 수 있는 낱말은 무엇인가요? [   ]

소설가들은 자기만의 문체가 있다. 이 문체는 그 소설의 재미를 결정하는 데 크게 작용한다. 문체란 문장의 개성적 특색을 말하는 것으로, 이는 시대, 문장의 종류, 글쓴이에 따라 그 특성이 문장에 드러난다.

① 가급적   ② 개방적   ③ 기초적   ④ 독자적   ⑤ 보편적

철기 시대의 여러 나라

글을 읽으면서 중요하다고 생각하는 낱말에 색칠해 보세요.

가 철기 문화를 바탕으로 만주와 한반도에는 ㉠ 여러 나라가 나타났어요. 만주와 한반도 북쪽에는 부여와 고구려가 세워졌지요. 부여는 넓은 평야에 자리 잡아서 농사와 ●목축이 발달하였고, 왕과 마가, 우가, 저가, 구가라 불리는 ❷가들이 각자의 ❸영역을 다스렸어요. 그리고 왕이 죽으면 왕을 모시던 사람들을 함께 묻는 순장의 풍습이 있었답니다.

나 부여의 남쪽에 세워진 고구려에서는 왕과 대가라고 불리는 관리들이 나라의 중요한 일을 함께 의논하여 정하였어요. 고구려가 세워진 지역은 산과 계곡이 많아 농사를 지을 땅이 부족하였기 때문에 고구려는 적극적으로 전쟁을 벌여 세력을 넓혀 갔어요. 그래서 사람들은 말타기, 활쏘기 등의 ❹무예를 중요하게 여겼지요. 고구려에는 결혼을 하면 자식이 생길 때까지 신랑이 신부 집에 가서 사는 서옥제라는 혼인 풍습이 있었답니다.

다 한반도의 동해안 지역에서는 옥저와 동예가 성장하였어요. 두 나라에는 왕이 없었고 ❺군장이 각 지역을 다스렸지요. 옥저와 동예는 농사가 발달하였고, 소금과 해산물이 풍부하였어요. 옥저에는 신랑이 될 집안이 신부가 될 여자아이를 데려와 키우다 아이가 자라면 결혼하는 민며느리제라는 혼인 풍습이 있었고, 가족 공동 무덤을 만드는 풍습이 있었어요. 동예에는 같은 씨족끼리 혼인하지 않는 족외혼과 다른 부족의 ❻경계를 침범하면 노비나 소, 말로 ❼보상하는 책화라는 풍습이 있었어요.

라 한반도 남쪽에는 작은 나라들이 모여서 만들어진 삼한이 있었어요. 이 지역은 기후와 토양이 농사짓기에 알맞아 농업이 발달하였지요. 삼한 중 변한에서는 철이 많이 생산되어 주변 나라에 수출하기도 하였답니다. 삼한에는 정치를 담당하는 군장과 제사를 ❽주관하는 천군이 따로 있었어요. 천군이 다스리는 '소도'라는 곳은 정치적으로 독립된 지역이어서 군장이 권력을 마음대로 쓸 수 없었어요.

글을 이해해요

정답 99쪽

중심 낱말 찾기

01 ㉠에 해당하는 나라를 이 글에서 모두 찾아 쓰세요.

✎ _____

내용 이해

02 다음 중 부여와 관련이 있는 내용에 ○표 하세요.

☐ 목축	☐ 소도	☐ 순장
☐ 책화	☐ 서옥제	☐ 가족 공동 무덤

내용 이해

03 동예에 대한 설명이 맞으면 ○, 틀리면 ✕에 표시하세요.

❶ 같은 씨족끼리 혼인하지 않는 족외혼이라는 풍습이 있었다. [○ / ✕]

❷ 마가, 우가, 저가, 구가라 불리는 가들이 각자의 영역을 다스렸다. [○ / ✕]

내용 이해

04 다음 중 설명의 대상이 나머지와 다른 하나는 무엇인가요? [✎]

① 한반도 남쪽에 위치하였다.

② 군장과 천군이 따로 있었다.

③ 작은 나라들이 모여 만들어졌다.

④ 가족 공동 무덤을 만드는 풍습이 있었다.

⑤ 소도에서는 군장이 권력을 마음대로 쓰지 못했다.

---

❶ 목축: 소, 말, 양, 돼지 등의 가축을 많이 기르는 일

❷ 가: 부여, 고구려의 족장이나 높은 관리를 이르던 말

❸ 영역: 한 나라의 주권이 미치는 범위

❹ 무예: 무술에 관한 재주

❺ 군장: 부족을 다스리는 우두머리

❻ 경계: 지역이 구분되는 한계

❼ 보상: 남에게 끼친 손해를 갚음.

❽ 주관: 어떤 일을 책임을 지고 맡아 관리함.

21

내용 이해

05 다음 밑줄 친 '이곳'은 어디인지 이 글에서 찾아 쓰세요.

> • <u>이곳</u>은 삼한의 천군이 다스리는 지역이었다.
> • 군장은 <u>이곳</u>에서 권력을 마음대로 쓸 수 없었다.

✎ _____

내용 이해

06 이 글의 내용과 일치하도록 다음 ㄱ~ㄷ에 들어갈 알맞은 말을 쓰세요.

나라	고구려	(ㄴ)	옥저
혼인 풍습	(ㄱ)	족외혼	ㄷ

✎ ㄱ:　　　　　　　　ㄴ:　　　　　　　　ㄷ:

내용 추론

07 이 글을 읽고 다음과 같이 나라를 분류한 까닭은 무엇인지 쓰세요.

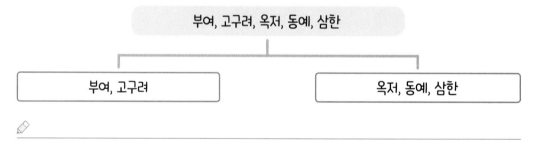

부여, 고구려, 옥저, 동예, 삼한

부여, 고구려 　　　　옥저, 동예, 삼한

✎ _____

내용 추론

08 이 글을 읽고 삼한에 대해 바르게 이해한 어린이는 누구인지 쓰세요.

> 가인　　정치와 제사가 분리된 사회였구나.
>
> 주혜　　왕이 강한 권력을 누리고 있었구나.
>
> 하진　　고구려와 가까이 있어서 고구려의 간섭을 받았겠구나.

✎ _____

어휘를 익혀요

01 다음 낱말의 뜻을 찾아 선으로 이으세요.

1 경계 •
2 목축 •
3 무예 •

• ㄱ 무술에 관한 재주
• ㄴ 지역이 구분되는 한계
• ㄷ 소, 말, 양, 돼지 등의 가축을 많이 기르는 일

02 다음 문장의 빈칸에 들어갈 낱말을 보기 에서 찾아 쓰세요.

보기

보상   영역   침범   풍습

1 그는 자신의 실수로 발생한 손해를 (   )하였다.

2 이 나라는 다른 민족의 잦은 (   )으로 어려움을 겪었다.

3 명절이면 가족들이 한자리에 모이는 것이 우리나라의 (   )이다.

4 신문에는 다른 나라의 비행기가 우리나라의 (   )을 침범하였다는 기사가 실렸다.

03 다음 글의 밑줄 친 '주관'과 같은 뜻으로 사용된 문장이 <u>아닌</u> 것은 무엇인가요?

[✎   ]

삼한은 정치를 담당하는 군장과 제사를 <u>주관</u>하는 천군을 따로 두었다.

① 내 친구 은희는 <u>주관</u>이 매우 뚜렷하다.

② 연극제는 A기업의 <u>주관</u>으로 개최되었다.

③ 해당 업무를 <u>주관</u>하는 부서는 행정과이다.

④ 정부에서는 3·1절 기념행사를 <u>주관</u>하였다.

⑤ 반장의 <u>주관</u> 아래 학급 회의가 진행되었다.

백제의 성립과 발전

글을 읽으면서 중요하다고 생각하는 낱말에 색칠해 보세요.

가 부여와 고구려에서 내려온 세력은 한강 유역의 토착 세력과 연합하여 한성에 도읍을 정하고 백제를 건국하였어요. 백제가 자리 잡은 한강 유역은 농경이 발달하였고, 교통의 중심지로 선진 문물을 받아들이기 좋은 곳이었어요. 이러한 장점을 바탕으로 백제는 주변의 여러 나라들을 정복하면서 힘을 키워 갔어요.

나 백제는 3세기 고이왕 때부터 성장하였어요. 고이왕은 나라의 기틀을 세우고자 법령을 만들고 관리의 등급을 마련하였어요. 대외적으로는 마한의 목지국을 흡수하여 중부 지방을 장악하였어요.

다 4세기 중반 근초고왕 때 백제는 전성기를 맞이하였어요. 근초고왕은 남쪽에 남아 있던 마한 세력을 정복하고, 가야에 영향력을 행사하였어요. 북쪽으로는 고구려를 공격하여 황해도 일부 지역까지 영토를 넓혔지요. 또한 황해와 남해를 이용하여 중국의 동진, 왜 등과 교류하며 고구려를 견제하였어요.

라 5세기에 백제는 강력해진 고구려와 대립하여 위기를 맞았어요. 고구려의 공격으로 수도 한성이 함락되었고, 백제는 수도를 웅진으로 옮기게 되었답니다. 수도를 옮긴 후 백제에서는 귀족들의 권력 다툼이 일어나 왕권이 더욱 약해졌고, 교역로를 확보하지 못해 대외 교류도 어려워졌어요. 이러한 상황에서 무령왕은 왕권을 강화하고 고구려를 공격하여 영토 일부를 회복하였어요. 이로써 백제는 중흥의 발판을 마련하였지요.

마 무령왕의 아들 성왕도 백제의 중흥을 위해 노력하였어요. 그는 다른 나라와의 교류가 유리한 사비로 도읍을 옮기고, 중앙과 지방의 통치 조직을 정비하였어요. 그리고 신라와 함께 고구려를 공격하여 한강 유역을 되찾았지요. 그러나 백제는 신라의 공격을 받아 한강 하류 지역을 다시 신라에게 빼앗기고 말았어요. 이에 성왕은 군대를 이끌고 신라를 공격하였지만, 관산성에서 전사하며 패배하였어요.

글을 이해해요

정답 100쪽

중심 낱말 찾기

01 각 문단의 중심 낱말을 찾아 쓰세요.

가 문단: ☐☐ 의 성립

나 문단: ☐☐☐ 때의 체제 정비

다 문단: ☐☐☐☐ 의 영토 확장

라 문단: 백제의 위기와 ☐☐☐ 의 중흥 노력

마 문단: ☐☐ 의 중흥 노력

내용 이해

02 이 글의 내용과 일치하지 <u>않는</u> 것은 무엇인가요? [✎   ]

① 백제는 한강 유역에 자리 잡았다.

② 무령왕은 백제의 도읍을 사비로 옮겼다.

③ 백제 고이왕은 관리의 등급을 마련하였다.

④ 백제는 근초고왕 때 전성기를 맞이하였다.

⑤ 근초고왕은 황해도 일부 지역까지 영토를 넓혔다.

내용 이해

03 이 글의 내용과 일치하도록 괄호 안의 낱말 중 알맞은 것에 ○표 하세요.

① 고구려의 공격을 받은 백제는 수도를 [사비 / 웅진](으)로 옮겼다.

② [성왕 / 근초고왕]은 남쪽에 남아 있던 마한 세력을 정복하였다.

③ [고이왕 / 무령왕]은 고구려를 공격하여 영토 일부를 회복하였다.

---

① **유역**: 강물이 흐르는 둘레의 가 부분으로, 주변 지역을 가리킴.

② **토착**: 대대로 그 땅에서 살고 있음.

③ **대외적**: 나라나 사회의 외부에 관련되는 것

④ **장악**: 무엇을 마음대로 할 수 있게 됨을 이르는 말

⑤ **전성기**: 어느 집단의 힘이 가장 강하던 시기

⑥ **중흥**: 쇠퇴하였던 것을 다시 일어나게 함.

⑦ **전사**: 전쟁터에서 적과 싸우다 죽음.

04 이 글을 통해 답을 알 수 있는 질문이 <u>아닌</u> 것은 무엇인가요?　　[✐　　]

① 성왕의 업적은 무엇인가요?

② 백제는 어느 나라와 교류하였나요?

③ 백제는 어느 나라에게 멸망당하였나요?

④ 백제가 건국될 당시의 도읍은 어디인가요?

⑤ 백제로부터 한강 유역을 빼앗은 나라는 어디인가요?

05 백제 수도가 사비였을 때 있었던 사실을 바르게 말한 어린이는 누구인지 쓰세요.

법령을
만들었어요.

라희

신라와 함께 고구려를
공격하여 한강 유역을
되찾았어요.

주혜

고구려를 공격하여
황해도 일부 지역까지
영토를 넓혔어요.

하진

✐ ＿＿＿＿＿＿＿＿＿＿＿＿＿＿＿＿

06 백제가 지도의 ㄱ, ㄴ과 같이 수도를 옮긴 까닭을 쓰세요.

한성

ㄱ

ㄴ 웅진

사비

황해

동해

→ 백제의 수도 이동

ㄱ과 같이 수도를 옮긴 까닭: ✐ ＿＿＿＿＿＿＿＿＿

＿＿＿＿＿＿＿＿＿＿＿＿＿＿＿＿＿＿＿＿

ㄴ과 같이 수도를 옮긴 까닭: ✐ ＿＿＿＿＿＿＿＿＿

＿＿＿＿＿＿＿＿＿＿＿＿＿＿＿＿＿＿＿＿

어휘를 익혀요

01 다음 뜻을 나타내는 낱말을 쓰세요.

① 대대로 그 땅에서 살고 있음. ☐☐

② 나라나 사회의 외부에 관련되는 것 ☐☐☐

③ 어느 집단의 힘이 가장 강하던 시기 ☐☐☐

④ 문물의 발전 단계나 진보 정도가 다른 것보다 앞섬. ☐☐

02 다음 밑줄 친 낱말의 뜻을 보기 에서 찾아 기호를 쓰세요.

보기

㉠ 쇠퇴하였던 것을 다시 일어나게 함.
㉡ 어떤 일의 가장 중요한 계기나 조건
㉢ 상대편이 지나치게 세력을 펴거나 자유롭게 행동하지 못하게 억누름.
㉣ 의견이나 처지, 속성 따위가 서로 반대되는 현상이나 그런 관계를 말함.

① 세대 간의 대립이 사회 문제로 떠올랐다. (   )

② 정부는 경제 부흥을 위해 끊임없이 노력하였다. (   )

③ 그는 상대 선수의 집중적인 견제에도 불구하고 골을 넣었다. (   )

④ 고구려 소수림왕은 여러 정책을 통해 나라 발전의 기틀을 다졌다. (   )

03 다음 글에서 밑줄 친 낱말과 바꾸어 쓸 수 있는 낱말은 무엇인가요? [   ]

이집트의 나일강은 일정한 시기마다 흘러넘쳐 주변의 땅을 기름지게 하였다. 그래서 나일강 언저리에서는 일찍부터 농업이 발달하였고, 이를 바탕으로 이집트 문명이 일어났다.

① 터 ② 수도 ③ 영토 ④ 유역 ⑤ 체제

06 고구려의 성립과 발전

글을 읽으면서 중요하다고 생각하는 낱말에 색칠해 보세요.

가 주몽은 압록강 유역의 졸본 지역에 고구려를 세웠어요. 그런데 이 지역은 산과 계곡이 많아 농사를 지을 땅이 부족하였어요. 그래서 고구려는 주변 지역으로 영토를 넓히려고 활발한 정복 활동을 하였답니다.

나 고구려는 1세기 초 압록강 중류의 국내성으로 도읍을 옮기고 주변 지역을 정복하면서 세력을 넓혀 나갔어요. 1세기 후반 태조왕 때는 동해안으로 나아가 옥저를 정복하였지요. 2세기 고국천왕 시기에는 지방에 관리를 ❶파견하여 행정과 군사 업무를 처리하였어요. 4세기 초 미천왕 때는 낙랑군을 멸망시키며 세력을 확대하였지요. 그러나 고국원왕이 평양성을 공격한 백제군을 막다가 전사하며 고구려는 국가적인 위기를 맞게 되었답니다.

다 4세기 중반 소수림왕은 국가의 위기를 극복하고 사회를 안정시키기 위해 국가 ❷체제를 정비하였어요. 그는 중국에서 불교를 받아들였고, 교육 기관인 태학을 세워 ❸인재를 ❹양성하였으며, ❺율령을 ❻반포하여 통치 조직을 정비하였지요. 이러한 노력에 힘입어 고구려는 왕 중심의 중앙 집권 체제를 더욱 강화할 수 있었어요.

라 고구려는 5세기 광개토 대왕과 장수왕 때 전성기를 맞이하였어요. 광개토 대왕은 요동 지역을 차지하고 백제를 공격하여 한강 이북을 차지하는 등 영토 확장에 힘을 기울였어요. 이 무렵 고구려는 왜의 공격을 받은 신라에 군사를 보내 도와주었는데, 이 과정에서 낙동강 하류까지 진출하였고 신라에 대한 영향력을 확대하였지요. 광개토 대왕의 뒤를 이은 장수왕은 도읍을 평양으로 옮기고 남쪽으로 세력을 넓혔어요. 그리고 백제를 공격하여 수도 한성을 함락하고 한강 유역을 차지하여 한반도 중부 지역까지 영토를 확장하였어요. 이러한 활동에 힘입어 고구려는 5세기경 한반도 중부 지방에서 만주 지역까지 아우르는 동북아시아의 ❼강대국으로 성장하였고, 이러한 ❽번영은 6세기 초반까지 이어졌답니다.

정답 101쪽

중심 낱말 찾기

01 각 문단의 중심 낱말에 ◯표 하세요.

가 문단: [주몽 / 단군왕검]은 압록강 유역의 졸본에 고구려를 세웠다.

나 문단: 고구려는 [태조왕 / 미천왕] 때 옥저를 정복하였다.

다 문단: [미천왕 / 소수림왕]은 교육 기관인 태학을 세워 인재를 양성하였다.

라 문단: 고구려는 광개토 대왕과 [장수왕 / 고국천왕] 때 전성기를 맞이하였다.

내용 이해

02 이 글의 내용과 일치하는 것은 무엇인가요?   [✏️   ]

① 태조왕 때 고구려는 낙랑군을 멸망시켰다.

② 고구려는 고국천왕 때 전성기를 맞이하였다.

③ 장수왕은 고구려의 도읍을 평양으로 옮겼다.

④ 고구려는 압록강 중류의 국내성에 건국되었다.

⑤ 소수림왕은 동해안으로 나아가 옥저를 정복하였다.

내용 이해

03 소수림왕의 업적으로 알맞은 것에 ◯표 하세요.

불교 수용 ☐		옥저 정복 ☐
	율령 반포 ☐	
태학 설립 ☐		요동 지역 차지 ☐

---

❶ **파견**: 일정한 임무를 주어 사람을 보냄.

❷ **체제**: 사회 조직이나 양식, 또는 그 상태를 이르는 말

❸ **인재**: 어떤 일을 할 수 있는 학식이나 능력을 갖춘 사람

❹ **양성**: 가르쳐서 유능한 사람을 길러 냄.

❺ **율령**: 형률과 법령으로, 법률을 총칭함.

❻ **반포**: 세상에 널리 퍼뜨려 모두 알게 함.

❼ **강대국**: 병력이 강하고 영토가 넓어 힘이 센 나라

❽ **번영**: 번성하고 영화롭게 됨.

04 다음 왕과 그의 업적을 선으로 이으세요.

1 장수왕 •

2 광개토 대왕 •

• ㉠ 왜의 공격을 받은 신라에 군사를 보내 도와주었다.

• ㉡ 백제의 수도 한성을 함락하고 한강 유역을 차지하였다.

05 광개토 대왕과 장수왕의 공통점으로 알맞은 것은 무엇인가요? [✎   ]

① 도읍을 옮겼다.　　　　　　　② 율령을 반포하였다.

③ 한강 유역을 차지하였다.　　　④ 백제군에게 전사당하였다.

⑤ 4세기에 고구려를 다스렸다.

06 지도의 영역을 차지한 고구려의 왕은 누구인지 이 글에서 찾아 쓰세요.

✎ _____

07 라 문단을 읽고 고구려의 왕이 다음과 같이 생각한 이유는 무엇인지 쓰세요.

5세기경 고구려의 왕은 자신이 신성한 '하늘의 자손'이라는 자부심을 바탕으로, 고구려가 세계의 중심이라고 생각하였다.

✎ _____

어휘를 익혀요

01 다음 낱말의 뜻을 찾아 선으로 이으세요.

1 번영 •

2 율령 •

3 인재 •

• ㄱ 번성하고 영화롭게 됨.

• ㄴ 형률과 법령으로, 법률을 총칭함.

• ㄷ 어떤 일을 할 수 있는 학식이나 능력을 갖춘 사람

02 다음 문장의 빈칸에 들어갈 낱말을 보기에서 찾아 쓰세요.

보기

| 반포 | 양성 | 체제 | 파견 |

1 세종은 1446년에 훈민정음을 (   )하였다.

2 그 음악가는 제자를 (   )하는 데 평생을 바쳤다.

3 방송국 기자는 내년에 미국으로 (   )을/를 가기로 하였다.

4 백제 고이왕은 왕이 정치를 주도하는 중앙 집권 (   )을/를 세우기 위해 노력하였다.

03 다음 글의 빈칸에 들어갈 낱말로 알맞은 것은 무엇인가요?　[　🖉　]

새로운 (   )(으)로 떠오른 신라

신라는 6세기 중반 진흥왕 때 안정된 통치 체제를 기반으로 영토를 확장하였다. 이 시기 신라는 한강 유역을 차지한 뒤 황해를 통해 독자적으로 중국과 교류하였다. 또한 가야 연맹을 정복하여 낙동강 서쪽을 장악하였으며, 북쪽으로는 고구려 영토인 함흥평야까지 진출하였다.

① 관리　　② 양성　　③ 인재　　④ 영향력　　⑤ 강대국

신라의 성립과 발전

글을 읽으면서 중요하다고 생각하는 낱말에 색칠해 보세요.

가 신라는 지금의 경주 지역에 자리 잡은 사로국에서 시작되었어요. 사로국은 박혁거세로 대표되는 [1]유이민 세력과 경주 일대의 토착 세력이 결합하여 세운 나라예요. 한반도 동남쪽 끝에 위치하였던 신라는 선진 문화를 받아들이기 어려웠지만, 주변의 부족을 장악하며 세력을 키워 나갔어요.

나 신라 초기에는 박씨, 석씨, 김씨가 돌아가며 왕인 '이사금' 자리를 차지하였어요. 4세기 후반 내물왕 때에는 왕권이 더욱 성장하여 김씨의 왕위 세습이 확립되었고, 왕의 [2]칭호도 대군장을 뜻하는 '마립간'으로 바뀌었어요. 이 무렵 왜가 공격해 오자 신라는 고구려의 광개토 대왕에게 도움을 요청하여 왜군을 [3]격퇴하였어요.

다 6세기 초 지증왕은 나라 이름을 '신라'로 정하고 '왕'이라는 칭호를 사용하였어요. 이 시기 소로 밭을 가는 우경을 [4]도입하여 농업 생산량이 크게 늘어났지요. 대외적으로는 경상도 북부에 진출하였고, 우산국(울릉도)을 정복하여 영토를 확장하였답니다.

라 뒤이어 즉위한 법흥왕은 율령을 반포하고, 관직을 정비하여 나라의 기틀을 마련하였어요. 법흥왕은 상대등을 설치하여 귀족 회의인 화백 회의를 이끌게 하였지요. 또한 그는 병부를 설치하여 군권을 장악하는 한편, 불교를 [5]공인하여 백성의 사상을 통합하고자 하였어요. 밖으로는 김해의 금관가야를 정복하여 영토를 넓혔어요.

마 신라는 6세기 중반 진흥왕 때 전성기를 맞이하였어요. 진흥왕은 화랑도를 국가적인 조직으로 [6]재편하여 인재를 양성하고 세력을 확장하였어요. 이를 토대로 진흥왕은 백제와 연합하여 한강 상류를 차지하였고, 다시 백제로부터 한강 하류 지역까지 빼앗아 한강 유역을 차지하였지요. 이로써 신라는 황해를 통해 중국과 직접 교역할 수 있게 되었어요. 또한 진흥왕은 대가야를 정복하여 가야 연맹을 멸망시켰고, 고구려를 공격하여 함흥평야까지 진출하였답니다.

정답 102쪽

01 다음 , 에 들어갈 낱말을 이 글에서 찾아 쓰세요.

> 지금의 경주 지역에 있던 사로국에서 시작된 (ㄱ   )는 한반도 동남쪽 끝에
> 위치하여 선진 문화를 받아들이기 어려웠다. 그러나 (ㄴ   ) 때 한강 유역을
> 차지하여 황해를 통해 중국과 직접 교역할 수 있게 되었다.

✎ ㄱ: ㄴ:

내용 이해

02 지증왕의 업적으로 알맞지 <u>않은</u> 것은 무엇인가요?   [✎   ]

① 우경을 도입하였다.

② 상대등을 설치하였다.

③ 우산국을 정복하였다.

④ 나라 이름을 '신라'로 정하였다.

⑤ '왕'이라는 칭호를 사용하기 시작하였다.

내용 이해

03 신라에서 다음 사건이 일어난 순서에 맞게 번호를 쓰세요.

율령을 반포하고, 병부를 설치하였다.

한강 유역을 차지하고, 대가야를 정복하였다.

경상도 북부에 진출하고, 우산국을 정복하였다.

고구려 광개토 대왕의 도움을 받아 왜군을 격퇴하였다.

---

❶ **유이민**: 한 지역에서 다른 지역으로 떠돌아다니며 사는 사람

❷ **칭호**: 어떠한 뜻으로 일컫는 이름

❸ **격퇴**: 적을 쳐서 물리침.

❹ **도입**: 기술, 방법, 물자 따위를 끌어들임.

❺ **공인**: 국가나 공공 단체 등이 어느 행위나 물건에 대하여 인정함.

❻ **재편**: 다시 편성함.

04

다음은 신라에서 왕의 칭호가 변화한 것을 나타낸 것이에요. (가)에 들어갈 말을 이 글에서 찾아 쓰세요.

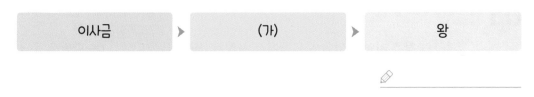

| 이사금 | ▶ | (가) | ▶ | 왕 |

05

다음 정책과 그 목적을 선으로 이으세요.

정책

① 병부를 설치하였다.

② 불교를 공인하였다.

③ 화랑도를 국가 조직으로 재편하였다.

목적

ㄱ 인재를 양성하고자 하였다.

ㄴ 왕이 군권을 장악하고자 하였다.

ㄷ 백성의 사상을 통합하고자 하였다.

06

이 글을 읽은 어린이가 다음 질문에 대답한 내용으로 알맞은 것은 무엇인가요?

[ ]

> 법흥왕이 신라를 다스린 시기에 어떤 일이 있었을까요?

① 박씨가 신라의 왕이 되었어요.

② 상대등이 화백 회의를 이끌었어요.

③ 신라의 왕은 '마립간'이라고 불렸어요.

④ 함흥평야가 신라 영토로 편입되었어요.

⑤ 황해를 통해 신라와 중국이 직접 교역하였어요.

어휘를 익혀요

01 다음 뜻을 나타내는 낱말을 쓰세요.

❶ 다시 편성함. ☐☐

❷ 어떠한 뜻으로 일컫는 이름 ☐☐

❸ 한 지역에서 다른 지역으로 떠돌아다니며 사는 사람 ☐☐☐

02 다음 밑줄 친 낱말의 뜻을 보기에서 찾아 기호를 쓰세요.

> **보기**
> ㉠ 적을 쳐서 물리침.
> ㉡ 어떤 일의 가장 중요한 계기나 조건
> ㉢ 문물의 발전 단계나 진보 정도가 다른 것보다 앞섬.
> ㉣ 국가나 공공 단체 등이 어느 행위나 물건에 대하여 인정함.

❶ 남북 회담으로 평화의 <u>기틀</u>을 다지게 되었다. (   )

❷ 그 선수의 기록은 국제적인 <u>공인</u>을 받지 못하였다. (   )

❸ 이순신 장군의 군대는 남해에서 일본군을 <u>격퇴</u>하였다. (   )

❹ 기업은 이번에 이루어진 협상을 통해 <u>선진</u> 기술을 도입하게 되었다. (   )

03 '도입'이 다음과 같은 뜻으로 쓰인 문장이 <u>아닌</u> 것은 무엇인가요? [✎   ]

> 기술, 방법, 물자 따위를 끌어들임.

① 새로운 이론이 <u>도입</u>되면서 학문이 발전하였다.

② 저자는 이 책의 <u>도입</u>에서 글의 주제를 언급하였다.

③ 조선 시대 실학자들은 선진 문물을 <u>도입</u>하자고 주장하였다.

④ 삼국 시대에 불교가 <u>도입</u>되면서 건축 기술이 발전을 이루었다.

⑤ 이 공장은 새로운 기술을 <u>도입</u>함으로써 개발 비용을 줄일 수 있었다.

08 가야 연맹의 성립과 발전

글을 읽으면서 중요하다고 생각하는 낱말에 색칠해 보세요.

가 고구려, 백제, 신라가 성립할 무렵, 낙동강 유역의 변한 지역에서는 철기 문화를 바탕으로 여러 나라들이 연합하여 가야 ^①연맹을 형성하였어요. 가야 연맹의 각 나라는 독자성을 유지하였고, 강한 나라가 연맹을 이끌었지요.

나 가장 먼저 연맹을 ^②주도한 나라는 김해 지역의 금관가야였어요. 금관가야는 질 좋은 철을 많이 생산하여 우수한 철기를 만들었어요. 또한 ^③비옥한 땅에서 철제 농기구로 농사를 지어 농업 생산력이 높았어요. 금관가야는 해상 교통의 ^④요지에 자리 잡아 낙랑, 왜 등과 ^⑤교류하며 ^⑥독창적인 문화를 만들기도 하였어요. 하지만 금관가야는 5세기에 고구려가 신라에 침입한 왜를 물리치는 과정에서 큰 타격을 입어 쇠퇴하였답니다.

다 5세기 후반에는 고령 지역의 대가야가 가야 연맹을 주도하였어요. 대가야는 토지가 비옥하여 농업이 크게 발달하였고, 질 좋은 철을 많이 생산하였어요. 대가야는 삼국이 경쟁하는 틈을 타 소백산맥을 넘어 섬진강 일대로 세력을 확장하였어요. 그리고 중국의 남조에 ^⑦사신을 보내 교류하였고, 왜와 교역하며 왜에 철을 수출하고 철로 만든 갑옷을 전하기도 하였지요. 한편, 대가야는 고구려에 맞서 맺어진 백제와 신라의 동맹에 참여하였고, 우산국(울릉도)을 정복하여 영토를 확장하였어요.

라 하지만 가야 연맹은 여러 소국들이 독자적인 권력을 유지하였기 때문에 강력한 왕권을 바탕으로 한 하나의 나라로 성장하지 못하였어요. 더구나 백제와 신라의 공격을 끊임없이 받아 불안한 상황도 계속되었지요. 결국 금관가야는 532년 신라에 병합되었고, 대가야도 562년 신라 진흥왕의 침략을 받아 멸망하였어요. 나머지 소국들도 각자 독자적인 정치권력을 유지하다가 곧 멸망하여 가야 연맹은 사라지게 되었답니다. 이후 일본으로 건너간 가야 사람들은 일본 문화가 발전하는 데 영향을 주기도 하였어요.

중심 낱말 찾기

01 각 문단의 중심 낱말을 찾아 쓰세요.

가 문단: ☐☐☐☐ 의 형성

나 문단: ☐☐☐☐ 의 성장과 쇠퇴

다 문단: ☐☐☐ 의 성장과 발전

라 문단: 가야 연맹의 ☐☐

내용 이해

02 이 글의 내용과 일치하지 <u>않는</u> 것은 무엇인가요? [ ]

① 가야 연맹은 고구려에 멸망당하였다.

② 가야 연맹은 변한 지역에서 형성되었다.

③ 가야 연맹의 각 나라는 독자성을 유지하였다.

④ 금관가야와 대가야는 질 좋은 철을 많이 생산하였다.

⑤ 고령 지역의 대가야는 5세기경 가야 연맹의 주도권을 장악하였다.

내용 이해

03 금관가야의 농업 생산력이 높았던 이유로 알맞은 것을 **보기**에서 모두 골라 기호를 쓰세요.

> **보기**
> ㉠ 토지가 비옥하였다.
> ㉡ 우수한 철기를 만들었다.
> ㉢ 해상 교통의 요지에 자리 잡았다.
> ㉣ 섬진강 일대로 세력을 확장하였다.

_____

---

❶ **연맹**: 공동의 목적을 가진 단체나 국가가 서로 돕고 행동을 함께 할 것을 약속한 조직체

❷ **주도**: 주동적인 처지가 되어 이끎.

❸ **비옥**: 땅이 기름짐.

❹ **요지**: 정치, 문화, 교통, 군사 따위의 핵심이 되는 곳

❺ **교류**: 문화나 사상 따위가 서로 통함.

❻ **독창적**: 다른 것을 모방함이 없이 새로운 것을 처음으로 만들어 내거나 생각해 내는 것

❼ **사신**: 임금이나 국가의 명령을 받고 외국에 사절로 가는 신하

04 다음 특징을 지닌 나라에 ○표 하세요.

특징	금관가야	대가야
① 김해 지역에 자리 잡았다.	☐	☐
② 섬진강 일대로 세력을 확장하였다.	☐	☐
③ 제일 먼저 가야 연맹을 주도하였다.	☐	☐
④ 남조에 사신을 보내고 왜와 교역하였다.	☐	☐

05 🔵 문단을 통해 추론할 수 있는 내용으로 알맞은 것은 무엇인가요? [🖉   ]

① 대가야는 삼국을 통일하려고 하였다.

② 가야는 중국과 직접 교류하지 못하였다.

③ 가야 연맹은 신라의 침략을 받아 멸망하였다.

④ 대가야는 국제 관계를 맺는 데 힘을 기울였다.

⑤ 고구려의 공격으로 대가야가 연맹의 주도권을 잃었다.

06 다음 글을 토대로 가야가 중앙 집권 국가로 나아가지 못하고 연맹 왕국에 머무른 까닭을 쓰세요.

> 연맹 왕국이란 여러 작은 국가들이 하나의 맹주국을 중심으로 연맹체를 이룬 국가를 말한다. 한편, 중앙 집권 국가란 국가의 통치 권력이 지방에 분산되어 있지 아니하고 중앙 정부에 집중되어 있는 국가를 말한다.

어휘를 익혀요

01 다음 낱말의 뜻을 찾아 선으로 이으세요.

1 사신 •

2 연맹 •

3 독창적 •

• ㄱ 임금이나 국가의 명령을 받고 외국에 사절로 가는 신하

• ㄴ 다른 것을 모방함이 없이 새로운 것을 처음으로 만들어 내거나 생각해 내는 것

• ㄷ 공동의 목적을 가진 단체나 국가가 서로 돕고 행동을 함께 할 것을 약속한 조직체

02 다음 문장의 빈칸에 들어갈 낱말을 에서 찾아 쓰세요.

보기

병합　　　쇠퇴　　　주도　　　타격

1 두 회사가 (　　　　)하여 거대 기업이 되었다.

2 그녀는 시청의 (　　　　)(으)로 열린 음악회에서 노래를 불렀다.

3 중국 진나라는 농민들의 반란으로 (　　　　)하여 결국 멸망하였다.

4 소고기의 가격이 낮아지자 돼지고기 판매 회사가 (　　　　)을/를 입었다.

03 다음 글의 밑줄 친 '요지'와 같은 뜻으로 사용된 문장은 무엇인가요? [ ]

서울은 우리나라 정치, 사회, 문화의 <u>요지</u>이다.

① 기자는 강연의 <u>요지</u>를 적어 기사를 썼다.

② 이 논문의 마지막 부분에 <u>요지</u>가 들어 있다.

③ 영화가 재미있었다는 것이 감상문의 <u>요지</u>였다.

④ 우리 군대는 적군의 <u>요지</u>에 집중적으로 대포를 쏘았다.

⑤ 학급 회의의 <u>요지</u>는 친구들을 차별하지 말자는 것이었다.

삼국 사람들의 생활 모습

글을 읽으면서 중요하다고 생각하는 낱말에 색칠해 보세요.

가 삼국은 영토를 넓히고 지배 체제를 정비하는 과정에서 신분제를 확립하였어요. 삼국 시대 사람들은 태어나면서부터 신분이 정해져 있었지요. 신분은 왕족을 비롯한 귀족, 평민, 천민으로 구분되었어요. 사람들은 신분에 따라 다른 생활을 하였답니다.

나 삼국 시대에 나라를 세우거나 다른 나라와 전쟁을 치르는 과정에서 ^❶공을 세운 사람들은 '귀족'이라는 신분을 가졌어요. 귀족은 대대로 신분을 세습하면서 관리가 되고, 많은 토지와 노비를 가질 수 있었지요. 귀족들은 화려한 무늬를 넣은 벽돌이나 기와를 이용하여 만든 집에서 살았고, 집 안에는 부엌, 고깃간, 수렛간, 곡식 창고 등의 건물이 있었답니다. 그리고 쌀밥과 고기를 먹었으며, 비단에 화려한 무늬를 넣은 옷을 입고 보석으로 ^❷치장하였어요.

다 삼국 시대 대부분의 사람들은 평민이었어요. 평민들은 주로 농사를 지으면서 나라에 ^❸세금을 바쳤답니다. 또한 전쟁이나 성벽을 쌓는 일 등에 동원되었지요. 이들은 움집이나 ^❹귀틀집에서 살았으며, 수수, 기장, 보리, 콩 등의 잡곡을 주로 먹었어요. 그리고 거친 베나 동물 가죽으로 만든 옷을 입었지요.

라 천민의 대부분은 노비였어요. 이들은 전쟁 ^❺포로이거나 죄를 지은 사람이었지요. 노비는 귀족의 땅에서 대신 농사를 짓거나 귀족의 집에서 ^❻허드렛일을 하면서 살았어요. 이들은 주인이 소유한 재산으로 여겨져 사고 팔리기도 하였답니다.

마 한편, 신라에는 골품제라는 신분 제도가 있었어요. 골품제에서 성골과 진골은 왕족으로 높은 관직까지 올라갈 수 있었어요. 그 밑으로 6에서 1까지 두품을 나누었는데, 보통 3~1두품은 평민이고 노비는 품계가 없었어요. 신라에서는 골품제에 따라 올라갈 수 있는 관직이 ^❼제한되어 있었고, 옷의 색깔, 집의 크기, 소유할 수 있는 말의 수가 달랐답니다.

정답 104쪽

글을 이해해요

01 각 문단의 중심 낱말을 찾아 쓰세요.

가 문단: 삼국의 ☐☐

나 문단: ☐☐ 의 생활 모습

다 문단: ☐☐ 의 생활 모습

라 문단: ☐☐ 의 생활 모습

마 문단: 신라의 ☐☐☐

내용 이해

02 삼국 시대 귀족에 대한 설명으로 알맞은 것은 무엇인가요? [✎]

① 주로 움집이나 귀틀집에 살았다.

② 주인이 소유한 재산으로 여겨졌다.

③ 전쟁에서 포로가 된 사람들이었다.

④ 대대로 신분을 세습하면서 관리가 되었다.

⑤ 삼국 시대 대부분의 사람들이 속한 신분이었다.

내용 이해

03 다음 신분과 그 특징을 선으로 이으세요.

1 귀족 •   • ㄱ 노비가 대부분을 차지하였다.

2 천민 •   • ㄴ 많은 토지와 노비를 가질 수 있었다.

3 평민 •   • ㄷ 주로 농사를 짓고 나라에 세금을 냈다.

---

❶ **공**: 노력과 수고를 들여 일을 마치거나 그 목적을 이룬 결과

❷ **치장**: 잘 매만져 곱게 꾸밈.

❸ **세금**: 국가 또는 지방 공공 단체가 필요한 경비로 사용하기 위하여 국민이나 주민으로부터 강제로 거두어들이는 금전

❹ **귀틀집**: 큰 통나무를 '井' 자 모양으로 귀를 맞추어 층층이 얹고 그 틈을 흙으로 메워 지은 집

❺ **포로**: 사로잡은 적

❻ **허드렛일**: 중요하지 않고 귀하지 않은 일

❼ **제한**: 일정한 한도를 넘지 못하게 막음.

04 다음에서 설명하는 신분을 이 글에서 찾아 쓰세요.

- 전쟁 포로이거나 죄를 지은 사람들이 속하였다.
- 귀족의 땅에서 대신 농사를 짓거나 귀족의 집에서 허드렛일을 하면서 살았다.

✎ _____

05 삼국 시대의 생활 모습에 대해 이해한 내용으로 알맞지 <u>않은</u> 것은 무엇인가요?

[✎   ]

① 귀족의 자식도 귀족이 되었구나.
② 의식주 생활은 신분에 따라 달랐구나.
③ 귀족과 평민의 옷은 옷감에 차이가 있었구나.
④ 모든 백성에게는 세금을 내야 할 의무가 있었구나.
⑤ 삼국 시대에 쌀은 왕과 귀족들이 주로 먹을 수 있었구나.

06 이 글을 읽고 다음 자료를 바르게 해석한 어린이는 누구인지 쓰세요.

▲ 골품제

경아 6두품은 관직 승진에 제한을 받지 않았구나.

석준 진골은 말을 5마리 이하로만 소유할 수 있었구나.

주연 신라는 골품제로 정치 활동뿐 아니라 일상생활도 제한하였구나.

✎ _____

어휘를 익혀요

01 다음 낱말의 뜻을 찾아 선으로 이으세요.

1 소유 •　　　　　　　　•　ㄱ 사로잡은 적

2 포로 •　　　　　　　　•　ㄴ 가지고 있는 일이나 그 물건

3 허드렛일 •　　　　　　　•　ㄷ 중요하지 않고 귀하지 않은 일

02 다음 밑줄 친 낱말의 뜻을 보기에서 찾아 기호를 쓰세요.

보기
ㄱ 잘 매만져 곱게 꾸밈.
ㄴ 일정한 한도를 넘지 못하게 막음.
ㄷ 흐트러진 체계를 정리하여 제대로 갖춤.
ㄹ 노력과 수고를 들여 일을 마치거나 그 목적을 이룬 결과

1 새해를 맞아 집을 새롭게 치장하였다. (　　　　　)

2 그 영화는 관람에 나이 제한을 두었다. (　　　　　)

3 새 왕은 통치 체제를 확립하는 데 힘을 기울였다. (　　　　　)

4 이번 운동회에서 1등을 한 데는 체육부장의 공이 컸다. (　　　　　)

03 다음 글에서 밑줄 친 낱말과 바꾸어 쓸 수 있는 낱말은 무엇인가요? [✐ 　　　]

국립 과학 수사 연구원에서는 첨단 장비들을 집중하여 약 3개월간 미궁에 빠져 있던 사건의 실마리를 풀게 되었다. 이 사건을 해결한 방법을 토대로 다른 여러 사건들도 해결할 수 있을 것이라는 전망이 나왔다.

① 동원　　　② 세습　　　③ 양성　　　④ 제거　　　⑤ 치장

10 삼국의 종교와 학문

글을 읽으면서 중요하다고 생각하는 낱말에 색칠해 보세요.

가 삼국은 영토를 넓히고 왕권을 강화하는 과정에서 중국으로부터 불교를 받아들였어요. 중앙 집권을 강화하려면 모두가 ●보편적으로 믿을 수 있는 사상이 필요하였고, '왕은 곧 부처'라는 불교의 사상이 왕의 권위를 뒷받침하였기 때문이지요. 삼국은 불교를 통해 지방 세력을 ❷포용하고 백성의 사상을 통합하는 한편, 국가의 ❸안녕과 발전을 ❹기원하고자 하였답니다.

나 불교가 전해진 뒤 삼국에서는 ㉠ 불교 예술이 발달하였어요. 삼국은 국가 주도로 황룡사, 미륵사와 같은 거대한 불교 사찰을 지었어요. 사찰에는 탑을 세웠는데, 현재 남아 있는 탑으로는 백제의 익산 미륵사지 석탑, 신라의 경주 분황사 모전 석탑이 유명해요. 삼국에서는 다양한 불상도 만들었어요. 초기에는 자비로운 미소를 머금은 불상을 많이 만들었는데, 백제의 서산 용현리 마애 여래 삼존상, 신라의 경주 배동 석조 여래 삼존 입상이 대표적이에요. 고구려의 불상으로는 금동 연가 7년 명 여래 입상 등이 남아 있어요.

다 불교와 함께 중국의 유교도 삼국에 전해졌어요. 고구려는 수도에 태학을 설치하여 유교 경전을 가르쳤고, 백제에서는 오경박사가 유교 경전을 가르쳤어요. 신라의 임신서기석에는 청소년들이 유교 경전을 공부하였음을 알 수 있는 내용이 담겨 있지요. 삼국 시대의 유교는 국가를 통치하기 위한 ❺수단으로 적극 활용되었고, 학문적인 접근은 상대적으로 활발하지는 않았답니다.

라 삼국 시대에는 중국에서 도교도 전래하였어요. ❻불로장생을 추구하는 ❼신선 사상과, 자연과 더불어 살고자 하는 산천 숭배 등이 결합한 도교는 주로 귀족 사회를 중심으로 전파되었어요. 도교가 유행하면서 고구려 사람들은 고분 벽에 신선의 세계 등을 그려 넣었어요. 백제의 산수무늬 벽돌과 백제 금동 대향로에도 도교 신앙의 요소들이 잘 표현되어 있답니다.

정답 105쪽

01 각 문단의 중심 낱말을 찾아 쓰세요.

중심 낱말 찾기

가 문단: 삼국 ☐☐ 의 발달

나 문단: 삼국 불교 ☐☐ 의 발달

다 문단: 삼국 ☐☐ 의 발달

라 문단: 삼국 ☐☐ 의 발달

02 이 글의 내용과 일치하는 것은 무엇인가요? [✎]

내용 이해

① 삼국이 중국에 불교를 전파하였다.

② 경주 분황사 모전 석탑은 백제에 세워졌다.

③ 도교는 신선 사상과 산천 숭배 등이 결합한 종교이다.

④ 삼국에서 도교는 주로 평민 사회를 중심으로 전파되었다.

⑤ 유교는 국가 통치 수단보다는 학문적 측면에서 발달하였다.

03 삼국의 왕실이 불교를 수용한 까닭으로 알맞지 <u>않은</u> 것은 무엇인가요? [✎]

내용 이해

① 불교의 신선 사상을 중시하였기 때문에

② 백성의 사상을 통합하고자 하였기 때문에

③ 불교가 왕의 권위를 뒷받침해 주었기 때문에

④ 지방 세력을 포용하는 데 불교가 도움이 되었기 때문에

⑤ 사람들이 보편적으로 믿을 수 있는 사상이 필요하였기 때문에

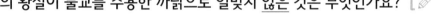

❶ **보편적**: 모든 것에 두루 미치거나 통하는 것

❷ **포용**: 남을 너그럽게 감싸 주거나 받아들임.

❸ **안녕**: 아무 탈 없이 편안함.

❹ **기원**: 바라는 일이 이루어지기를 빎.

❺ **수단**: 어떤 목적을 이루기 위한 방법이나 그 도구

❻ **불로장생**: 늙지 아니하고 오래 삶.

❼ **신선**: 도를 닦아서 현실의 인간 세계를 떠나 자연과 벗하 며 산다는 상상의 존재

04 삼국의 불교 예술에 해당하는 것에 ◯표 하세요.

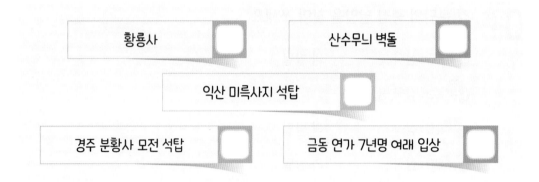

| 황룡사 | ☐ | 산수무늬 벽돌 | ☐ |

| 익산 미륵사지 석탑 | ☐ |

| 경주 분황사 모전 석탑 | ☐ | 금동 연가 7년명 여래 입상 | ☐ |

05 삼국 시대 유교에 대한 설명으로 알맞지 <u>않은</u> 것은 무엇인가요?　[ ]

① 중국으로부터 전래되었다.

② 고구려의 태학에서 가르쳤다.

③ 백제는 오경박사가 교육을 담당하였다.

④ '왕은 곧 부처'라는 사상이 왕의 권위를 뒷받침하였다.

⑤ 임신서기석에 신라 청년들이 공부한 사실이 나타나 있다.

06 이 글을 읽은 어린이가 다음 자료를 해석한 내용으로 알맞은 것은 무엇인가요?

[ ]

> 신라의 황룡사에 세워진 9층 목탑에는 다음과 같은 이야기가 전해진다. 신라의 승려 자장이 중국에서 신인을 만났다. 신인이 "너희 나라는 어떤 어려움이 있는가?"라고 묻자, 자장이 "우리나라는 이웃 나라의 침략이 그칠 줄 모르는 것이 걱정거리입니다."라고 하였다. 신인이 말하기를 "신라로 돌아가 황룡사에 9층 탑을 세우면 이웃 나라가 항복하고 예물을 바쳐 나라가 평안할 것이다."라고 하였다. 자장이 탑을 세울 일을 신라 왕에게 말씀드렸다.

① 도교에서는 신선의 존재를 믿었구나.

② 신라에서 불교는 평민 사이에 널리 퍼졌구나.

③ 신라는 교육 기관을 세워 불교를 가르쳤구나.

④ 신라에서는 불교를 통해 국가의 위기를 극복하고자 하였구나.

⑤ 불교의 '왕은 곧 부처'라는 사상이 왕의 권위를 세워 주었구나.

어휘를 익혀요

01 다음 낱말의 뜻을 찾아 선으로 이으세요.

1 안녕 •　　　　　• ㄱ 아무 탈 없이 편안함.

2 보편적 •　　　　　• ㄴ 늙지 아니하고 오래 삶.

3 불로장생 •　　　　　• ㄷ 모든 것에 두루 미치거나 통하는 것

02 다음 문장의 빈칸에 들어갈 낱말을 [보기]에서 찾아 쓰세요.

> **보기**
>
> 기원　　　수단　　　포용　　　상대적

1 경수는 친구들을 너그럽게 (　　　　　)할 줄 안다.

2 나는 친구들에 비해 (　　　　　)으로 키가 큰 편이다.

3 우리는 함께 모여 배구 대표 팀의 우승을 (　　　　　)하였다.

4 그 가게의 직원은 손님을 설득하는 (　　　　　)이 매우 뛰어났다.

03 다음 중 낱말의 관계가 ㄱ, ㄴ의 관계와 같은 것은 무엇인가요? [ ]

> 삼국에서는 국가 주도로 거대한 사찰을 세우는 등 ㄱ 불교 예술이 발달하였다. 대표적
> ㄴ 사찰인 황룡사는 경상북도 경주에 세워진 절로, 고려 때 몽골군의 침입으로 불에 타서
> 지금은 터만 남아 있다.

① 탑 - 불상　　　　② 수단 - 방법　　　　③ 수용 - 전파

④ 운동 - 축구　　　　⑤ 보편적 - 공통적

삼국의 과학과 기술

글을 읽으면서 중요하다고 생각하는 낱말에 색칠해 보세요.

가 삼국 시대에는 일식, 혜성의 출현과 같은 ❶천문 현상을 ❷관측하는 천문학이 발달하였어요. 당시에는 천문 현상이 왕의 권위와 연결된다고 여겼고, 농경과 밀접한 관련이 있었기 때문이지요. 사람들은 해와 달의 모습, 별자리 등 하늘의 움직임을 관찰하여 농사지을 시기를 예측하고 나라의 중요한 일도 결정하였어요.

나 ❸천체를 관측하면서 고구려 사람들은 고분 속에 별자리를 그리기도 하고, 돌에 별자리를 새겨 넣은 천문도를 만들기도 하였어요. 이는 매우 사실적이고 정확한 관측을 토대로 그려졌지요. 고구려의 천문도는 전쟁을 겪으면서 사라졌으나, 약 700년 후 조선에서 고구려의 천문도를 ❹표본으로 삼아 천상열차분야지도라는 천문도를 만들기도 하였답니다.

다 신라에서는 천체를 관측하는 첨성대를 만들었어요. 첨성대에는 신라인들의 ❺역법 지식을 엿볼 수 있는 숫자들이 있어요. 첨성대를 만든 돌의 숫자는 360개 안팎으로 일 년의 날 수와 비슷해요. 또한 첨성대 층의 수는 가운데 창문을 기준으로 위와 아래가 각 12단으로 이루어져 있는데, 이는 1년 12달과 24❻절기와 같지요. 신라 사람들은 천문 담당 부서와 관리를 두고 하늘을 연구하게도 하였어요.

라 한편, 삼국에서는 금속 ❼공예 기술이 발달하였어요. 고구려에서는 철광석이 풍부하게 생산되어 일찍이 철을 다루는 기술이 발달하였어요. 고구려 지역에서 ❽출토된 철제 무기와 도구 등은 그 품질이 우수하며, 고분 벽화에는 철을 단련하고 철로 물건을 만드는 기술자의 모습이 그려져 있기도 해요. 백제에서 만들어 일본에 보낸 '칠지도'는 철로 만든 칼에 금으로 글씨를 새겨 넣은 것으로, 백제 공예 기술의 우수함을 잘 보여 주어요. 백제 금동 대향로를 통해서도 백제의 수준 높은 금속 공예 기술을 엿볼 수 있지요. 신라에서는 특히 금을 ❾세공하는 기술이 발달하였는데, 금을 얇게 펴고 모양을 만들거나 구멍을 뚫어 금관이나 금 장식품을 만들었답니다.

글을 이해해요

정답 106쪽

중심 낱말 찾기

01 각 문단의 중심 낱말을 찾아 쓰세요.

가 문단: 삼국에서 ☐☐☐ 이 발달한 배경

나 문단: ☐☐☐ 의 천문학 발달

다 문단: ☐☐ 의 천문학 발달

라 문단: 삼국의 ☐☐☐☐ 기술 발달

내용 이해

02 삼국에서 천문학이 발달한 까닭으로 알맞은 것을 <u>두 가지</u> 고르세요.

[🖉   ,   ]

① 농사짓는 데 도움이 되었기 때문에

② 왕의 권위와 관련 있다고 생각하였기 때문에

③ 지방 세력을 포용하는 기반이 되었기 때문에

④ 백성의 사상을 통합하는 데 필요하였기 때문에

⑤ 모두가 보편적으로 믿을 수 있는 사상이 필요하였기 때문에

내용 이해

03 각 나라의 과학 기술 발달에 대한 설명으로 알맞은 것은 무엇인가요? [🖉   ]

① 백제: 첨성대에서 천체를 관측하였다.

② 고구려: 천체를 관측하여 천문도를 만들었다.

③ 신라: 고분의 벽에 별자리 그림을 그려 넣었다.

④ 고구려: 금을 얇게 펴고 모양을 내어 금관을 만들었다.

⑤ 신라: 철로 만든 칼에 금으로 글씨를 새겨 칠지도를 만들었다.

---

❶ **천문**: 우주와 천체의 현상과 그 안에 들어 있는 법칙성

❷ **관측**: 자연 현상을 관찰하여 측정하는 일

❸ **천체**: 별, 행성, 달, 소행성 등과 같이 우주에 존재하는 뭉쳐 있는 물질 덩어리

❹ **표본**: 본보기로 삼을 만한 것

❺ **역법**: 천체의 움직임을 살펴 시간과 날짜를 구분하는 방법

❻ **절기**: 1년을 24로 나눈, 계절의 표준이 되는 것

❼ **공예**: 물건을 만드는 기술에 관한 재주

❽ **출토**: 땅속에 묻혀 있던 물건이 밖으로 나옴.

❾ **세공**: 잔손을 많이 들여 정밀하게 만듦.

49

04 다음 문화유산이 만들어진 나라를 이 글에서 찾아 쓰세요.

1 첨성대

2 칠지도

3 백제 금동 대향로

05 이 글을 읽은 학생이 다음을 주제로 발표를 할 때 그 내용으로 알맞지 <u>않은</u> 것은 무엇인가요? [   ]

고구려의 과학과 기술

① 고분 벽화에 나타난 별자리

② 천문학의 발달과 왕권의 관계

③ 금관 제작에 사용된 금 세공 기술

④ 고분 벽화를 통해 본 금속 공예 기술의 발달

⑤ 천상열차분야지도를 통해 유추한 천문도의 모습

06 이 글을 통해 답을 추론할 수 있는 질문으로 알맞지 <u>않은</u> 것은 무엇인가요?

[   ]

① 신라에서 첨성대를 만든 까닭은 무엇인가요?

② 백제의 천체 관측 기구는 어떤 것들이 있나요?

③ 신라에서 발달한 금속 공예 기술은 무엇인가요?

④ 천문 현상은 삼국의 농사에 어떤 영향을 미쳤나요?

⑤ 천상열차분야지도의 토대가 된 천문도는 무엇인가요?

어휘를 익혀요

01 다음 뜻을 나타내는 낱말에 ○표 하세요.

❶ 물건을 만드는 기술에 관한 재주 [공예 / 단련]

❷ 1년을 24로 나눈, 계절의 표준이 되는 것 [달 / 절기]

❸ 별, 행성, 달, 소행성 등과 같이 우주에 존재하는 뭉쳐 있는 물질 덩어리 [천문 / 천체]

02 다음 밑줄 친 낱말의 뜻을 보기 에서 찾아 기호를 쓰세요.

> **보기**
> ㉠ 미리 헤아려 짐작함.
> ㉡ 잔손을 많이 들여 정밀하게 만듦.
> ㉢ 자연 현상을 관찰하여 측정하는 일
> ㉣ 땅속에 묻혀 있던 물건이 밖으로 나옴.

❶ 그의 행동은 예측하기가 어렵다. (   )

❷ 어떤 혜성은 망원경 없이 관측되기도 한다. (   )

❸ 그 가게는 유리 세공을 중점적으로 하는 곳이다. (   )

❹ 옛 신라의 수도가 있던 지역에서 신라 금관이 출토되었다. (   )

03 다음 글에서 밑줄 친 낱말과 바꾸어 쓸 수 있는 낱말은 무엇인가요? [✎   ]

> 그는 뛰어난 전략으로 빠른 시간에 회사를 국내 10위 안에 드는 기업으로 성장시켰다. 많은 기업인들이 그를 성공의 본보기로 삼고, 그의 기업 운영 기술을 자신의 기업에 도입하고 있다.

① 경계   ② 권위   ③ 발판   ④ 천체   ⑤ 표본

삼국의 고분 문화

글을 읽으면서 중요하다고 생각하는 낱말에 색칠해 보세요.

가 삼국 시대에는 나라와 시기에 따라 다른 ❶고분을 만들었어요. 사람들은 죽고 난 후에도 살아 있을 때 누리던 삶이 이어진다고 생각하였기 때문에 무덤에 벽화를 그려 넣거나 ❷껴묻거리를 묻었어요. 이러한 벽화와 껴묻거리를 통해 당시의 생활 모습을 ❸유추해 볼 수 있답니다.

나 고구려는 초기에 주로 돌무지무덤을 만들다가 점차 굴식 돌방무덤으로 바꾸어 갔어요. 돌무지무덤은 직사각형의 돌로 테두리를 쌓고, 그 속에 막돌을 채운 뒤 무덤 주위에 둘레돌을 세우고 ❹널방을 갖춘 형태로, 고구려의 장군총이 대표적이에요.

다 굴식 돌방무덤은 돌로 널방을 만들어 통로를 연결한 후 그 위에 흙을 덮은 형태로, 널방의 벽과 천장에 벽화를 그리기도 하였어요. 고분 벽화는 초기에 주로 무덤 주인의 생활을 표현한 그림이 많았고, 후기로 갈수록 사신도 같은 상징적인 그림을 많이 그렸어요.

라 백제는 한성 시기에 계단식 돌무지무덤을 만들었어요. 이 중 서울 석촌동에 남아 있는 무덤이 고구려의 돌무지무덤과 유사하여 백제 건국의 주도 세력이 고구려와 같은 ❺계통이었음을 짐작하게 해요. 웅진 시기에는 굴식 돌방무덤이나 벽돌무덤을 만들었어요. 벽돌무덤은 중국 남조의 영향을 받은 것으로, 무령왕릉이 대표적이에요. 사비 시기에는 굴식 돌방무덤을 주로 만들었어요. 백제 사람들은 굴식 돌방무덤과 벽돌무덤에 사신도와 같은 그림을 그려 넣기도 하였답니다.

마 신라는 돌무지덧널무덤을 많이 만들었어요. 이 무덤은 신라에서만 보이는 독특한 형태로, 신라는 지리적으로 외부와의 교류가 어려워 토착 문화가 발달하였던 것으로 보여요. 돌무지덧널무덤은 나무 덧널 위에 돌을 쌓은 뒤 흙으로 덮은 형태로, 벽화가 없고 ❻도굴이 어려워 많은 껴묻거리가 보존되었지요. 6세기 말 이후 신라에서는 굴식 돌방무덤이 많이 만들어졌어요.

정답 107쪽

중심 낱말 찾기

01 다음 빈칸에 공통으로 들어갈 낱말을 이 글에서 찾아 쓰세요.

• 옛날에 만들어진 무덤을 [   ][   ] 이라고 하는데, 삼국 시대에는 나라와 시기에 따라 다른 [   ][   ] 을 만들었다.

• 삼국 [   ][   ] 의 벽화나 껴묻거리를 통해 당시의 생활 모습을 유추해 볼 수 있다.

✎ _____

내용 이해

02 고구려에서 만든 고분에 해당하는 것에 ◯표 하세요.

| 돌무지무덤 [   ] | 벽돌무덤 [   ] |
| 굴식 돌방무덤 [   ] | 돌무지덧널무덤 [   ] |

내용 이해

03 다음은 백제의 고분 양식을 정리한 것이에요. ㉠, ㉡에 들어갈 말을 이 글에서 찾아 쓰세요.

시기	한성 시기	웅진 시기	(㉡) 시기
고분 양식	계단식 돌무지무덤	(㉠)무덤, 굴식 돌방무덤	굴식 돌방무덤

✎ ㉠:   ㉡:

❶ **고분**: 옛날에 만들어진 무덤
❷ **껴묻거리**: 시체와 함께 무덤에 묻는 물건
❸ **유추**: 같은 종류의 것 또는 비슷한 것에 기초하여 다른 사물을 미루어 추측하는 일
❹ **널방**: 시체가 모셔져 있는 무덤 속의 방
❺ **계통**: 일정한 체계에 따라 서로 관련되어 있는 부분들의 통일적 조직
❻ **도굴**: 허락을 받지 않고 고분을 팜.

04 다음 내용이 맞으면 ○, 틀리면 ✕에 표시하세요.

① 벽돌무덤은 신라에서만 만들어졌다. [○ / ✕]

② 굴식 돌방무덤은 고구려, 백제, 신라 삼국에서 모두 만들어졌다. [○ / ✕]

05 다음에서 설명하는 고분 양식을 이 글에서 찾아 쓰세요.

> • 신라에서 토착 문화가 발달하였음을 보여 준다.
> • 도굴이 어려운 구조여서 많은 껴묻거리가 보존되었다.

✎ _____

06 다음 백제의 고분을 통해 짐작할 수 있는 내용을 선으로 이으세요.

고분 양식		짐작할 수 있는 내용
① 벽돌무덤 •		• ㄱ 백제는 중국 남조와 교류하였다.
② 계단식 돌무지무덤 •		• ㄴ 백제 건국의 주도 세력이 고구려와 같은 계통이었다.

07 (가), (나)와 같은 구조를 가진 고분은 무엇인지 이 글에서 찾아 쓰세요.

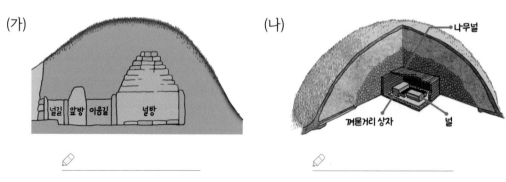

(가) 널길 앞방 이음길 널방

(나) 나무널 껴묻거리 상자 널

✎ _____   ✎ _____

어휘를 익혀요

01 다음 낱말의 뜻을 찾아 선으로 이으세요.

1 계통 •

2 도굴 •

3 껴묻거리 •

• ㄱ 허락을 받지 않고 고분을 팜.

• ㄴ 시체와 함께 무덤에 묻는 물건

• ㄷ 일정한 체계에 따라 서로 관련되어 있는 부분들의 통일적 조직

02 다음 빈칸에 들어갈 낱말을 오른쪽 상자에서 찾아 쓰세요.

1 교복 상의에는 우리 학교를 ☐☐★하는 배지가 달려 있다. ★추상적인 개념이나 사물을 구체적인 사물로 나타냄.

2 두 사람은 외모가 ☐☐★하여 사람들에게 형제로 오해받기도 한다. ★서로 비슷함.

3 신라 금관을 통해 신라에서 금 세공 기술이 발달하였음을 ☐☐★할 수 있다. ★같은 종류의 것이나 비슷한 것에 기초하여 다른 사물을 미루어 추측하는 일

개	조	족	권
세	유	추	력
라	사	국	가
합	상	장	인
계	징	분	석

03 다음 ㄱ~ㄹ을 모두 포함할 수 있는 낱말로 알맞은 것은 무엇인가요? [✎　　　]

삼국 시대에는 돌을 쌓아 만든 ㄱ 돌무지무덤, 널방과 흙 봉분을 만든 ㄴ 굴식 돌방무덤, 벽돌을 쌓아 올린 ㄷ 벽돌무덤, 나무 덧널 위에 돌을 쌓은 뒤 흙 봉분을 만든 ㄹ 돌무지덧널무덤을 만들었다.

① 고분　　　② 궁궐　　　③ 널방　　　④ 사찰　　　⑤ 성곽

삼국과 가야의 대외 교류

글을 읽으면서 중요하다고 생각하는 낱말에 색칠해 보세요.

가 고구려, 백제, 신라는 중국과 교류하며 문화를 발전시켰어요. 고구려는 지리적으로 가까운 중국 북조의 문화를 받아들였고, 바다를 통해 남조와도 교류하였어요. 왕산악은 중국의 악기를 ^❶개조하여 거문고를 만들었고, 중국의 궁중에서는 고구려의 음악과 무용을 연회에 사용하기도 하였지요. 백제도 중국과 활발히 교류하여 중국 동진과 남조 ^❷계통의 ^❸유물이 옛 백제 지역에서 많이 발견되었어요. 한편, 신라는 초기에 고구려와 백제를 통해 중국의 문화를 수용하다가 한강 유역을 차지한 후 중국과 직접 교류하게 되었어요.

나 삼국은 ^❹서역의 여러 나라와도 교류를 하였어요. 고구려의 고분 벽화에는 서역 계통의 인물이 등장하고, 서역의 궁전 벽화인 아프라시아브 궁전 벽화에 고구려 사신으로 ^❺추정되는 사람이 발견되기도 하였어요. 신라에서는 서역의 것으로 보이는 유리 제품, 금제 장식 보검 등이 발견되어 신라와 서역의 교류를 짐작하게 해요.

다 삼국은 일본에 문화를 ^❻전파하여 일본의 고대 문화 발전에 큰 영향을 끼쳤어요. 삼국 가운데 일본과 가장 활발하게 교류한 나라는 백제예요. 백제는 일본에 불교를 전하였으며, 백제의 아직기와 왕인은 일본에 한문과 논어 등의 학문을 전해 주었어요. 고구려의 담징은 일본에 종이와 먹의 ^❼제조 방법을 전하고 일본의 불교와 미술에도 영향을 주었지요. 그리고 신라는 일본에 배 만드는 기술과 둑 쌓는 기술을 전해 주었답니다.

라 삼국이 일본에 문화를 전파한 사실은 여러 문화유산을 통해 알 수 있어요. 일본의 다카마쓰 고분 벽화는 고구려의 수산리 고분 벽화와 비슷하여 고구려의 영향을 받은 것으로 보여요. 일본의 불상인 목조 미륵보살 반가 사유상은 삼국의 금동 미륵보살 반가 사유상과 유사한 형태여서 삼국 문화가 일본 문화에 영향을 주었음을 보여 준답니다.

정답 108쪽

중심 낱말 찾기

01 각 문단의 중심 낱말을 찾아 쓰세요.

가 문단: 삼국과 [ ][ ]의 문화 교류

나 문단: 삼국과 [ ][ ]의 문화 교류

다 문단: 삼국 문화의 [ ][ ] 전파

라 문단: 삼국 문화의 [ ][ ] 전파를 보여 주는 문화유산

내용 이해

02 이 글의 내용과 일치하지 <u>않는</u> 것은 무엇인가요? [✎]

① 백제는 일본에 불교를 전하였다.

② 고구려, 백제, 신라는 중국과 교류하였다.

③ 신라는 초기부터 중국과 직접 교류하였다.

④ 옛 백제 지역에서 중국 남조 계통의 유물이 발견되었다.

⑤ 중국의 궁중 연회에 고구려의 음악과 무용이 사용되었다.

내용 이해

03 다음 인물과 그의 활동을 선으로 이으세요.

1 담징 •   • ㄱ 중국 악기를 개조하여 거문고를 만들었다.

2 왕산악 •   • ㄴ 일본에 종이와 먹의 제조 방법을 전하였다.

❶ **개조**: 고쳐 만들거나 바꿈.

❷ **계통**: 일정한 체계에 따라 서로 관련되어 있는 부분들의 통일적 조직

❸ **유물**: 조상들이 후대에 남긴 물건

❹ **서역**: 중국 서쪽에 있던 나라들을 통틀어 이르는 말

❺ **추정**: 미루어 생각하여 판정함.

❻ **전파**: 전하여 널리 퍼뜨림.

❼ **제조**: 물건을 만듦.

내용 이해
04

이 글의 내용과 일치하도록 괄호 안의 낱말 중 알맞은 것에 ○표 하세요.

① 신라는 [한강 / 낙동강] 유역을 차지한 후 중국과 직접 교류하였다.

② 삼국 가운데 일본과 가장 활발하게 교류한 나라는 [백제 / 고구려]이다.

③ [신라 / 고구려]는 일본에 배 만드는 기술과 둑 쌓는 기술을 전해 주었다.

④ 금제 장식 보검, 아프라시아브 궁전 벽화는 삼국이 [서역 / 중국]과 교류한 사실을 보여준다.

내용 이해
05

다음 과제를 바르게 수행한 어린이는 누구인지 쓰세요.

> ### 과제: 왕인과 아직기의 활동 조사하기

경수	일본에 종이와 먹의 제조 방법을 전하였어요.
상호	일본에 한문과 논어 등의 학문을 전해 주었어요.
지혜	중국의 악기를 개조하여 거문고를 만들었어요.

내용 추론
06

다음 문화유산을 통해 알 수 있는 사실을 쓰세요.

△ 삼국의 금동 미륵보살 반가 사유상   △ 일본의 고류사 목조 미륵보살 반가 사유상

어휘를 익혀요

01 다음 낱말의 뜻을 찾아 선으로 이으세요.

1 서역 •

2 유물 •

3 제조 •

• ㄱ 물건을 만듦.

• ㄴ 조상들이 후대에 남긴 물건

• ㄷ 중국 서쪽에 있던 나라들을 통틀어 이르는 말

02 다음 문장의 빈칸에 들어갈 낱말을 보기 에서 찾아 쓰세요.

보기
| 개조 | 전파 | 추정 | 지리적 |

1 우리 가족은 현대식으로 (   )된 집에서 살게 되었다.

2 우리의 우수한 문화를 세계에 (   )하려는 노력이 필요하다.

3 지구상에 인류가 나타난 시기는 뼈 화석을 통해 (   )할 수 있다.

4 백제는 한강 유역에 건국되어 중국과 교류하는 데 (   ) 이점이 있었다.

03 다음 ㄱ~ㅁ 중 낱말의 쓰임새가 알맞지 <u>않은</u> 것은 무엇인가요? [✎   ]

삼국 시대에는 농업 생산력 향상을 위해 국가의 ㄱ 주도로 농사 방법을 ㄴ 제조하였다. 농민들에게 소를 이용한 농사 방법을 ㄷ 전파하였고, 황무지 개간을 ㄹ 장려하여 경작지를 확대하였으며, 저수지를 만들거나 수리하여 가뭄에 ㅁ 대비하였다.

① ㄱ   ② ㄴ   ③ ㄷ   ④ ㄹ   ⑤ ㅁ

14 수·당의 고구려 침입과 격퇴

글을 읽으면서 중요하다고 생각하는 낱말에 색칠해 보세요.

가 6세기 중반 수나라는 혼란하였던 중국을 통일하였어요. 이후 수나라는 세력을 넓히며 고구려를 차지하려는 ❶야심을 드러냈지요. 이를 알아챈 고구려는 무기를 수리하는 등 수나라와의 전쟁에 대비하기 시작하였어요.

나 수나라는 113만 명이 넘는 군사를 이끌고 고구려를 침략하였어요. 그러나 고구려의 강력한 저항에 막히자, 수나라의 장군 우중문은 30만의 별동대를 이끌고 평양성을 공격하였지요. 이에 맞선 고구려의 장군이 을지문덕이에요. 을지문덕은 수나라의 군대가 오랜 이동과 굶주림으로 지친 것을 알고 도망치는 척하면서 수나라의 군대를 평양성 쪽으로 ❷유인하여 적의 힘을 뺐어요. 그리고 을지문덕은 수나라의 장군 우중문에게 철수를 요구하는 시를 썼지요. 그제야 우중문은 자신들이 적이 있는 곳에 깊숙이 들어왔다는 것을 깨닫고 급하게 후퇴하였어요. 고구려군은 후퇴하는 수나라의 군대가 살수(지금의 청천강)를 반쯤 건넜을 때 총공격하여 수나라의 군대를 거의 ❸전멸시켰어요. 이 전쟁이 612년에 일어난 살수 대첩이에요.

다 당나라는 건국 초기에는 고구려에 우호적인 태도를 보였어요. 그러나 당에서 태종이 즉위한 뒤에는 주변 세력을 정복하며 고구려를 ❹압박하였어요. 이에 고구려는 국경 지역에 연개소문을 파견하여 천리장성을 쌓고 군사력을 기르며 당의 침입에 대비하였답니다.

라 이 무렵 고구려의 연개소문이 ❺정변을 일으켜 영류왕을 죽이고 권력을 장악하였어요. 당나라의 태종은 연개소문이 정권을 부정하게 차지하였다는 이유를 핑계 삼아 고구려를 침공하였지요. 당나라는 고구려의 요동성과 백암성을 함락하고 안시성을 ❻포위하였어요. 당군은 몇 달 동안 안시성을 공격하였지만, 안시성의 백성들이 ❼결사적으로 저항하여 당나라의 공격을 물리쳤어요. 이를 안시성 싸움이라고 해요. 그 뒤에도 당나라는 고구려를 침략하였으나 고구려는 이를 물리쳤답니다.

중심 낱말 찾기

01 각 문단의 중심 낱말을 찾아 쓰세요.

가 문단: ☐ 나라의 중국 통일과 야심

나 문단: 수나라의 고구려 침략과 ☐☐☐☐

다 문단: ☐ 나라 건국 초기 고구려와의 관계

라 문단: 당나라의 고구려 침략과 ☐☐☐ 싸움

내용 이해

02 이 글의 내용과 일치하도록 괄호 안의 낱말 중 알맞은 것에 ○표 하세요.

❶ 고구려의 [연개소문 / 을지문덕]은 살수 대첩을 승리로 이끌었다.

❷ [당나라 / 수나라]는 고구려를 침공하여 요동성과 백암성을 함락하고 안시성을 포위하였다.

내용 이해

03 다음 사건이 일어난 순서에 맞게 번호를 쓰세요.

안시성 싸움에서 고구려군이 당나라 군대를 격퇴하였다.

고구려 군대가 살수 대첩으로 수나라 군대를 격퇴하였다.

당나라에서 태종이 즉위한 이후 고구려는 천리장성을 쌓았다.

수나라가 113만 명이 넘는 군사를 이끌고 고구려를 침략하였다.

---

❶ **야심**: 무엇을 이루어 보겠다고 마음속에 품고 있는 욕망이나 소망

❷ **유인**: 주의나 흥미를 일으켜 꾀어냄.

❸ **전멸**: 모조리 죽거나 망하거나 하여 없어짐.

❹ **압박**: 기운을 못 펴게 세력으로 내리누름.

❺ **정변**: 비합법적인 수단으로 생긴 정치상의 큰 변동

❻ **포위**: 주위를 에워쌈.

❼ **결사**: 죽기를 각오하고 있는 힘을 다할 것을 결심함.

04 이 글의 내용과 일치하는 것은 무엇인가요? [ ]

① 연개소문은 살수에서 수군을 거의 전멸시켰다.

② 안시성의 백성들이 당나라의 공격을 물리쳤다.

③ 당나라는 국경 지역에 천리장성을 쌓으며 전쟁을 준비하였다.

④ 당나라는 우중문에게 별동대를 이끌고 고구려를 공격하게 하였다.

⑤ 당나라는 태종이 즉위한 뒤부터 고구려에 우호적인 태도를 보였다.

05 가 ~ 라 문단 중 다음 자료와 관련된 문단의 기호를 쓰세요.

> 그대의 신기한 작전은 하늘의 이치를 알았고
> 오묘한 계획은 땅의 이치를 깨달았구려.
> 전쟁에서 이겨서 그 공이 이미 크니
> 만족할 줄 알고 전쟁을 멈추는 것이 어떻겠소.
>
> – 을지문덕이 우중문에게 보낸 시

06 이 글을 읽은 어린이가 다음 자료를 해석한 내용으로 알맞은 것은 무엇인가요?

[ ]

> 고구려가 위치한 지역에는 산이 많았다. 고구려는 산의 험난한 지형을 이용하여 성을 쌓았다. 성은 돌출된 형태를 만들어 성벽을 올라오는 적을 옆에서도 공격할 수 있게 하였다. 백성들은 전쟁이 일어나면 농작물과 우물을 없애 적이 이용할 수 없게 하였고, 곡식과 무기를 갖춘 산성으로 들어가 오랜 기간 항전하였다.

① 고구려는 한강을 이용하여 외적을 물리쳤구나.

② 고구려는 성을 지어 외적의 침입을 막고자 하였구나.

③ 고구려는 중국 중심의 국제 질서에 들어가게 되었구나.

④ 고구려가 외적을 물리치는 데 백성은 큰 역할을 하지 못하였구나.

⑤ 고구려는 백제, 신라와 힘을 합쳐 수나라와 당나라의 군대를 물리쳤구나.

어휘를 익혀요

01 다음 뜻을 나타내는 낱말에 ◯표 하세요

1 주의나 흥미를 일으켜 꾀어냄. [배척 / 유인]

2 비합법적인 수단으로 생긴 정치상의 큰 변동 [개혁 / 정변]

3 죽기를 각오하고 있는 힘을 다할 것을 결심함. [결사 / 저항]

4 무엇을 이루어 보겠다고 마음속에 품고 있는 욕망이나 소망 [선심 / 야심]

02 다음 빈칸에 들어갈 낱말을 오른쪽 상자에서 찾아 쓰세요.

1 그 사람이 경찰의 [　][　]을/를 뚫고 도망쳐 사건이 미궁에 빠졌다. ★주위를 에워쌈.

2 기업의 임원들은 해외 매장을 모두 [　][　]시키는 문제를 의논하였다. ★진출하였던 곳에서 시설이나 장비 따위를 거두어 가지고 물러남.

3 한산도 대첩에서 이순신 장군이 펼친 학익진 전법으로 왜군이 [　][　]하였다. ★모조리 죽거나 망하거나 하여 없어짐.

개	간	철	수
전	멸	추	력
유	사	저	항
인	상	포	대
계	징	위	비

03 다음 글에서 밑줄 친 낱말과 바꾸어 쓸 수 있는 낱말은 무엇인가요? [ ]

> 한국과 터키의 축구 대표 팀은 두 나라의 친선을 도모하기 위해 매년 축구 경기를 개최하기로 결정하였다. 그 첫 번째 경기는 올해 5월 한국에서 먼저 열릴 예정이다.

① 결사　　② 우호　　③ 유인　　④ 적대　　⑤ 혈연

15 신라의 삼국 통일

글을 읽으면서 중요하다고 생각하는 낱말에 색칠해 보세요.

가 한강 유역을 차지한 후 신라는 백제의 연이은 공격으로 어려움을 겪었어요. 위기에 처한 신라는 김춘추를 고구려에 보내 도움을 요청하였으나 거절당하였어요. 이에 김춘추는 당나라로 건너가 ^❶동맹을 제안하였어요. 당시 고구려 침략에 ^❷거듭 실패한 당나라는 신라의 제안을 받아들여 나당 동맹을 맺었지요. 이후 김춘추는 세력을 키워 왕(태종 무열왕)이 된 뒤 전쟁을 준비하였어요.

나 신라는 먼저 백제를 공격하였어요. 이 무렵 백제는 지배 세력이 ^❸분열되어 있었기 때문에 신라의 공격에 적극적으로 대처하지 못하였지요. 김유신이 이끄는 신라군은 황산벌에서 계백이 이끄는 백제군과 싸워 승리하고 당군과 연합하였어요. 결국 나당 연합군이 660년 백제의 수도 사비성을 함락하여 백제가 멸망하였어요.

다 백제가 멸망한 후 나당 연합군은 고구려를 공격하였어요. 고구려는 연개소문을 중심으로 이를 물리쳤으나 국력이 크게 약화되었어요. 게다가 연개소문이 죽자, 세 아들이 권력 다툼을 벌여 정치가 혼란하였어요. 이를 틈타 나당 연합군은 고구려의 여러 성을 빼앗고 수도 평양성을 함락하여 668년 고구려를 멸망시켰어요.

라 당나라는 곧 한반도 전체를 지배하려는 야심을 드러냈어요. 이에 신라의 문무왕은 당나라를 몰아내기 위한 전쟁을 벌였지요. 이 전쟁에는 백제와 고구려의 ^❹유민도 참여하여 당에 맞서 싸웠어요. 신라는 매소성 전투, 기벌포 전투에서 당나라에 크게 승리하였고, 676년 당나라를 물리치고 삼국 ^❺통일을 완성하였답니다.

마 신라가 이룩한 삼국 통일은 ^❻외세인 당나라의 힘을 빌렸고, 옛 고구려의 영토를 모두 차지하지 못하였다는 ^❼한계가 있어요. 그러나 한반도에 있는 여러 나라가 처음으로 통일되었고, 고구려, 백제 유민과 힘을 합쳐 당나라의 세력을 한반도에서 몰아냈으며, 삼국의 문화가 융합하여 새로운 민족 문화가 발전하는 토대가 되었다는 점에서 ^❽의의가 있답니다.

글을 이해해요

정답 110쪽

01 각 문단의 중심 낱말을 찾아 쓰세요.

가 문단: ☐☐ ☐☐ 의 체결

나 문단: ☐☐ 의 멸망

다 문단: ☐☐☐ 의 멸망

라 문단: 신라와 ☐ 나라의 전쟁

마 문단: 신라가 이룬 삼국 통일의 한계와 ☐☐

02 이 글의 내용과 일치하지 <u>않는</u> 것은 무엇인가요? [✐]

① 백제는 660년에 멸망하였다.

② 고구려가 삼국 통일을 완성하였다.

③ 김춘추는 신라와 당나라의 동맹을 성사시켰다.

④ 백제와 고구려는 신라와 당나라의 연합군에게 멸망하였다.

⑤ 신라가 한강 유역을 차지한 이후 백제는 신라를 연이어 공격하였다.

03 신라가 당나라와 전쟁을 벌인 까닭으로 알맞은 것은 무엇인가요? [✐]

① 김춘추가 태종 무열왕으로 즉위하였기 때문에

② 고구려가 신라의 도움 요청을 거절하였기 때문에

③ 당나라가 한반도 전체를 지배하려고 하였기 때문에

④ 당나라와 신라의 연합군이 사비성을 함락하였기 때문에

⑤ 신라군이 황산벌에서 백제군과 싸워 승리하였기 때문에

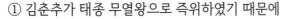

❶ **동맹**: 둘 이상의 개인이나 국가가 서로의 이익이나 목적을
위하여 동일하게 행동하기로 맹세하여 맺는 약속

❷ **거듭**: 어떠한 일을 되풀이하여

❸ **분열**: 집단이나 단체, 사상 따위가 갈라져 나뉨.

❹ **유민**: 망하여 없어진 나라의 백성

❺ **통일**: 나누어진 것들을 합쳐서 하나의 조직·체계 아래로
모이게 함.

❻ **외세**: 외국의 세력

❼ **한계**: 사물이나 능력, 책임 등이 실제 작용할 수 있는 범위

❽ **의의**: 어떤 사실이나 행위 따위가 갖는 중요성이나 가치

내용 이해

04 백제가 멸망하는 과정에서 있었던 일을 순서에 맞게 번호를 쓰세요.

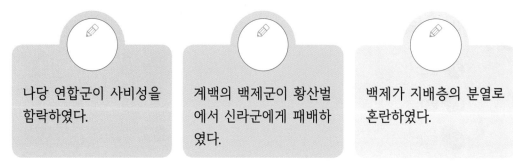

나당 연합군이 사비성을 함락하였다.

계백의 백제군이 황산벌에서 신라군에게 패배하였다.

백제가 지배층의 분열로 혼란하였다.

내용 이해

05 (가)에 들어갈 내용으로 알맞은 것은 무엇인가요? [✎]

신라의 삼국 통일 과정 ▶

나당 동맹 성립 → (가)

고구려의 멸망

신라와 당나라의 전쟁 → 신라의 삼국 통일

① 백제의 멸망
② 기벌포 전투 발발
③ 매소성 전투 발발
④ 고구려에 김춘추 파견
⑤ 신라의 한강 유역 차지

내용 추론

06 이 글을 토대로 다음 자료에서 신라의 삼국 통일을 ㉠과 같이 평가하는 까닭을 쓰세요.

신라의 삼국 통일은 외세의 힘을 빌렸다는 비판을 받지만, ㉠ 자주 의식을 보였다는 평가를 받기도 한다. '자주'란 남의 보호나 간섭을 받지 아니하고 자기 일을 스스로 처리한다는 의미이다.

어휘를 익혀요

01 다음 낱말의 뜻을 찾아 선으로 이으세요.

1 동맹 •

2 의의 •

3 통일 •

• ㉠ 어떤 사실이나 행위 따위가 갖는 중요성이나 가치

• ㉡ 나누어진 것들을 합쳐서 하나의 조직·체계 아래로 모이게 함.

• ㉢ 둘 이상의 개인이나 국가가 서로의 이익이나 목적을 위하여 동일하게 행동하기로 맹세하여 맺는 약속

02 다음 빈칸에 들어갈 낱말을 오른쪽 상자에서 찾아 쓰세요.

1 그 운동선수는 체력에 ☐☐★를 느꼈지만 포기하지 않았다. ★사물이나 능력, 책임 등이 실제 작용할 수 있는 범위

2 우리 민족은 ☐☐★로부터 수많은 침략을 당하여 맞서 싸웠다. ★외국의 세력

3 고조선은 한나라에 맞서 싸웠지만 수도가 ☐☐★되면서 멸망하였다. ★적의 성, 요새 등을 공격하여 무너뜨림.

개	전	철	수
한	멸	시	추
계	사	함	락
인	내	포	대
재	외	세	비

03 다음 글에서 밑줄 친 낱말과 바꾸어 쓸 수 있는 낱말은 무엇인가요? [✎]

2000년 6월 평양에서 열린 남북 정상 회담은 남북 분단 이후 최초의 남북 정상 회담이라는 데 그 <u>가치</u>가 있다. 이 회담에서는 남과 북이 나라의 통일 문제를 우리 민족끼리 서로 힘을 합쳐 자주적으로 해결해 나가기로 하였다.

① 근본　　② 기능　　③ 역할　　④ 의의　　⑤ 한계

16 통일 신라의 통치 체제 정비

글을 읽으면서 중요하다고 생각하는 낱말에 색칠해 보세요.

가 신라 무열왕의 아들인 문무왕은 고구려를 멸망시키고 당과의 전쟁을 승리로 이끌어 삼국 통일을 완성하였어요. 통일 후에는 백성의 생활을 안정시키는 데 힘을 기울였지요. 한편으로는 옛 백제인, 고구려인에게도 관직을 내리는 등 삼국의 백성을 ❶통합하려는 정책을 펼쳤어요. 이를 통해 왕권을 강화하고 민족 문화 발전을 위한 기초를 마련하였답니다.

나 문무왕이 죽고 그의 아들인 신문왕이 왕위에 올랐어요. 신문왕은 귀족들의 반란을 진압하면서 귀족 세력을 대거 ❷숙청하였어요. 그리고 교육 기관인 국학을 세워 유학을 ❸보급하며 이곳에서 왕권을 뒷받침할 인재를 양성하였지요. 또한 신문왕은 토지 제도를 정비하여 ㉠ 관리에게 관료전을 지급하고 녹읍을 폐지하였어요. 원래 녹읍을 받은 귀족들은 토지를 ❹경작하는 농민에게 세금을 걷고 노동력도 ❺징발할 수 있었어요. 그러나 녹읍이 폐지되면서 귀족들은 토지를 경작하는 농민에게 세금만 거둘 수 있었기 때문에 귀족들의 경제적 기반이 약화되었어요. 이러한 정책을 통해 신문왕은 왕권을 한층 강화하였답니다.

다 통일 이후 신라는 넓어진 영토와 늘어난 인구를 효과적으로 다스리기 위해 통치 제도를 정비하였어요. 신라의 중앙 정치는 왕의 명령을 수행하는 집사부를 중심으로 운영되었고, 귀족 회의인 화백 회의의 기능은 축소되었지요. 지방 제도도 정비하여 신문왕 때 전국을 9개의 ❻주로 나누고 주 단위 아래에는 군과 현을 두어 지방관을 보내 다스리게 하였어요.

라 군사 제도는 9서당과 10정으로 정비되었어요. 왕실과 수도를 지키는 중앙군인 9서당에는 신라인뿐만 아니라 옛 고구려인, 백제인과 말갈인 등도 포함하여 민족 통합을 ❼도모하였지요. 지방군인 10정은 주마다 1정씩 배치하였는데, 국경 지역에는 두 개의 정을 두어 국방력을 강화하고자 하였어요.

중심 낱말 찾기

01 각 문단의 중심 낱말을 찾아 쓰세요.

가 문단: ⬚⬚⬚ 의 정책

나 문단: ⬚⬚⬚ 의 왕권 강화 정책

다 문단: 통일 신라의 ⬚⬚ 제도 정비

라 문단: 통일 신라의 ⬚⬚ 제도 정비

내용 이해

02 이 글의 내용과 일치하지 <u>않는</u> 것은 무엇인가요? [✎]

① 문무왕은 삼국 통일을 완성하였다.

② 통일 신라는 국학을 세워 유학을 보급하였다.

③ 통일 신라의 9서당에는 신라인만 포함되었다.

④ 통일 신라는 전국을 9주로 나누고 그 아래에 군과 현을 두었다.

⑤ 10정은 주마다 1정씩 배치되었고, 국경 지역에는 두 개의 정이 배치되었다.

내용 이해

03 신문왕의 정책으로 알맞은 것에 ◯표 하세요.

삼국 통일 완성 ⬚	국학 설립 ⬚

관료전 폐지 ⬚

9주 설치 ⬚	귀족들의 반란 진압 ⬚

❶ **통합**: 둘 이상의 조직이나 기구 등을 하나로 합침.

❷ **숙청**: 반대파를 처단하거나 제거함.

❸ **보급**: 많은 사람들에게 골고루 미치게 하여 누리게 함.

❹ **경작**: 땅을 갈아서 농사를 지음.

❺ **징발**: 특별한 일에 필요한 사람이나 물자를 강제로 모으거나 거둠.

❻ **주**: 신라 때 있었던 지방 행정 구역의 하나

❼ **도모**: 어떤 일을 이루기 위하여 대책과 방법을 세움.

04 통일 이후 신라의 통치 체제로 알맞지 <u>않은</u> 것은 무엇인가요? [🖉   ]

①	**중앙 정치**	화백 회의 중심
②	**지방 행정**	9주 설치
③	**교육**	국학 설립
④	**군사**	9서당 10정 설치
⑤	**토지**	관료전 지급

05 ㉠의 영향을 바르게 말한 어린이는 누구인지 쓰세요.

인영	왕의 권한이 약화되었어요.
재석	귀족의 경제적 기반이 약화되었어요.
한수	민족 문화 발전의 기초가 마련되었어요.

🖉 _____

06 이 글을 읽은 어린이가 다음 자료를 해석한 내용으로 알맞은 것은 무엇인가요?

[🖉   ]

> 통일 신라는 전국을 9주로 나누고 옛 고구려 영역, 옛 백제 영역, 옛 신라 영역에 각각 3주씩 배치하였다. 지방의 주요 지역에는 신라의 귀족과 옛 가야, 고구려, 백제의 귀족들이 함께 살도록 하였다.

① 9주의 설치로 왕권이 약화되었음을 알 수 있어.
② 통일 신라에서 민족 문화 발달이 어려웠음을 보여 줘.
③ 통일 이후 신라가 넓어진 영토에 맞게 수도를 이동한 사실을 보여 줘.
④ 통일 신라가 고구려와 백제의 유민들을 차별하였음을 짐작할 수 있어.
⑤ 통일 신라가 지방 제도를 정비하면서 민족 통합에 힘썼음을 알 수 있어.

어휘를 익혀요

01 다음 낱말의 뜻을 찾아 선으로 이으세요.

1 숙청 •

2 수행 •

3 국방력 •

• ㄱ 따라서 시행함.

• ㄴ 반대파를 처단하거나 제거함.

• ㄷ 적의 침략으로부터 나라를 지키기 위한 군사적 힘

02 다음 문장의 빈칸에 들어갈 낱말을 보기에서 찾아 쓰세요.

보기

도모   진압   징발   통합

1 전쟁이 일어나자 주민들은 모두 군대에 (   )되었다.

2 우리 민족의 독립운동은 일본군에 의해 강제로 (   )되었다.

3 아버지는 회사 사람 간의 친목 (   )을/를 위해 캠핑을 가셨다.

4 영수는 학급 회의에서 나온 친구들의 여러 의견을 (   )하려고 하였다.

03 다음 글에서 밑줄 친 낱말과 바꾸어 쓸 수 있는 낱말은 무엇인가요? [ ]

세종은 훈민정음을 <u>널리 퍼뜨리는</u> 데 힘을 기울였다. 그는 나라의 공식적인 일에 훈민정음을 사용하였고, 여러 가지 책을 훈민정음으로 편찬하였다. 또한 일부 관리를 뽑는 시험에 훈민정음을 포함하기도 하였다.

① 도모하는   ② 보급하는   ③ 수행하는

④ 숙청하는   ⑤ 진압하는

17 통일 신라의 불교문화

글을 읽으면서 중요하다고 생각하는 낱말에 색칠해 보세요.

가 삼국 통일 이후 신라에서는 백성의 마음을 하나로 모으기 위해 불교를 중요하게 여겼답니다. 통일 신라에서는 고구려와 백제의 불교가 신라 불교에 흡수되고 당에서 유학한 승려들이 활동하면서 교리에 대한 이해가 깊어졌어요. 불교가 폭넓게 발달하면서 보다 많은 사람이 불교를 받아들일 수 있게 되었지요.

나 승려인 원효와 의상은 통일 신라의 불교 발달에 큰 역할을 하였어요. 원효는 ①종파 간의 ②사상적 대립을 해결하려 하였어요. 백성에게는 어려운 불교 ③교리 대신 '나무아미타불'만 외우면 극락에 갈 수 있다고 가르쳐 불교의 ④대중화에 기여하였지요. 의상은 부석사를 비롯한 여러 사원을 세우고 제자들을 길렀어요. 그리고 화엄종이라는 새로운 불교 종파를 만들기도 하였지요.

다 통일 신라에서 불교가 융성하면서 불교 예술도 함께 발달하였답니다. 신라의 불교 예술을 대표하는 건축물로는 불국사와 석굴암이 있어요. 불국사는 경상북도 경주시 토함산에 있는 절로, 건물과 탑을 균형 있게 배치하여 불교에서 추구하는 ⑤이상 세계를 표현하였어요. 불국사에 세워진 경주 불국사 3층 석탑과 다보탑은 화려하면서도 균형 잡힌 통일 신라의 석탑을 대표해요. 한편, 경주 불국사 3층 석탑에서는 무구정광대다라니경이라는 목판 인쇄물이 발견되었는데, 이는 현재 남아 있는 목판 인쇄물 중 가장 오래된 것으로 알려져 있어요.

라 ㉠ 석굴암은 화강암을 쌓아 올려 동굴처럼 만든 신라의 절로, 중앙의 본존상을 중심으로 벽면에 새긴 여러 조각이 ⑥조화를 이루고 있어요. 석굴암의 천장은 여러 개의 돌을 ⑦아치형으로 쌓아 올리고 정상에는 크고 둥근 돌을 한 장 얹어 완성하였어요. 이는 다른 나라에서 찾아보기 힘든 높은 수준의 기술이에요. 또한 석굴암은 높은 기온과 습기로 동굴 내부가 훼손되는 것을 막기 위해 바닥에 항상 차가운 물이 흐르게 하였어요.

정답 112쪽

중심 낱말 찾기

01 각 문단의 중심 낱말을 찾아 쓰세요.

가 문단: 통일 신라의 [ ][ ] 발달

나 문단: [ ][ ]와 의상의 활동

다 문단: [ ][ ][ ]의 특징

라 문단: [ ][ ][ ]의 특징

내용 이해

02 다음 내용이 맞으면 ◯, 틀리면 ✕에 표시하세요.

1 석굴암에는 다보탑이 세워졌다. [◯ / ✕]

2 불국사는 화강암을 쌓아 동굴처럼 만든 절이다. [◯ / ✕]

3 삼국 통일 이후 신라에서는 불교가 쇠퇴하였다. [◯ / ✕]

4 원효는 불교 종파 간의 사상적 대립을 해결하려고 하였다. [◯ / ✕]

내용 이해

03 다음 활동을 한 인물에 ◯표 하세요.

주요 활동	원효	의상
1 화엄종이라는 종파를 만들었다.	☐	☐
2 부석사를 세우고 제자를 길렀다.	☐	☐
3 백성에게 '나무아미타불'만 외우면 극락에 갈 수 있다고 가르쳤다.	☐	☐

---

❶ **종파**: 같은 종교에서 갈린 갈래

❷ **사상**: 어떠한 사물에 대하여 가지고 있는 구체적인 생각

❸ **교리**: 각 종교의 종파가 진리라고 규정한 신앙의 체계

❹ **대중화**: 대중 사이에 널리 퍼져 친숙해짐.

❺ **이상**: 생각할 수 있는 범위 안에서 가장 완전하다고 여겨지는 상태

❻ **조화**: 서로 잘 어울림.

❼ **아치형**: 활과 같은 곡선으로 된 형태

04 다음에서 설명하는 문화유산을 이 글에서 찾아 쓰세요.

> • 경주 불국사 3층 석탑에서 발견되었다.
> • 현재 남아 있는 목판 인쇄물 중 가장 오래된 것으로 알려져 있다.

05 (가)~(라) 중 ㉠에 해당하는 문화유산의 기호를 쓰세요.

(가)

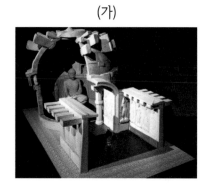

(나)

(다)

(라)

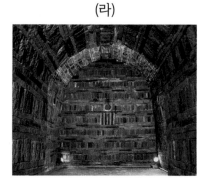

06 이 글을 토대로 다음 자료에 나타난 원효의 업적을 쓰세요.

> 원효는 일찍이 수많은 마을에서 노래하고 춤추며 백성을 가르치고 읊조리며 다녀, 가난한 사람들과 산골에 사는 아는 것이 없는 자들까지도 모두 다 부처의 이름을 알게 되었고 모두 '나무아미타불'을 부르게 되었다.

어휘를 익혀요

01 다음 낱말의 뜻을 찾아 선으로 이으세요.

1 교리 •

2 사상 •

3 아치형 •

• ㄱ 활과 같은 곡선으로 된 형태

• ㄴ 각 종교의 종파가 진리라고 규정한 신앙의 체계

• ㄷ 어떠한 사물에 대하여 가지고 있는 구체적인 생각

02 다음 밑줄 친 낱말의 뜻을 보기에서 찾아 기호를 쓰세요.

보기

ㄱ 같은 종교에서 갈린 갈래
ㄴ 대중 사이에 널리 퍼져 친숙해짐.
ㄷ 외부에 있는 사람이나 사물 따위를 내부로 모아들임.

1 그 가수는 국악의 <u>대중화</u>를 위해 힘썼다. (   )

2 우리 배구 팀은 해체되어 다른 배구 팀에 <u>흡수</u>되었다. (   )

3 신라 말에는 선종이라는 새로운 불교 <u>종파</u>가 유행하였다. (   )

03 다음 글의 밑줄 친 '이상'과 같은 뜻으로 사용된 문장은 무엇인가요? [✎   ]

그가 발표한 회사의 사업 계획은 대체로 많은 사람들의 동의를 얻었다. 그러나 몇몇 사람에게는 그의 계획이 지나치게 <u>이상</u>적이라는 비판도 받았다.

① <u>이상</u>이 내가 본 상황의 전부다.
② 그는 몸에 <u>이상</u>을 느끼고 병원을 찾았다.
③ 나는 점심을 필요 <u>이상</u>으로 많이 먹었다.
④ 운동을 시작한 <u>이상</u> 최선을 다해 보기로 하였다.
⑤ 그는 자신의 <u>이상</u>을 실현하기 위해 끊임없이 노력하였다.

18 발해의 건국과 발전

글을 읽으면서 중요하다고 생각하는 낱말에 색칠해 보세요.

가 고구려가 멸망한 후 당나라는 옛 고구려의 백성을 끌고 가서 당나라의 여러 지역에 옮겨 살게 하였어요. 그러나 고구려 유민은 당나라의 지배에 맞서 끈질기게 [1]저항하였지요. 결국, 698년 옛 고구려 장군 출신인 대조영은 당나라가 정치적으로 혼란한 틈을 타 고구려 유민과 말갈족을 이끌고 동모산 근처에 수도를 정하여 발해를 세웠어요. 발해의 건국으로 우리 역사는 남쪽의 신라와 북쪽의 발해가 [2]공존하는 남북국의 형세를 이루게 되었답니다.

나 대조영의 뒤를 이은 무왕은 영토 확장에 힘써 만주 북부 지역까지 장악하였어요. 무왕의 뒤를 이은 문왕은 수도를 상경으로 옮기고 중앙과 지방의 통치 제도를 정비하였으며, 당의 발달한 [3]문물과 제도를 받아들였어요. 9세기 선왕 때 발해는 연해주에서 요동 지방까지 영토를 넓혀 고구려의 옛 땅을 대부분 되찾고 전성기를 맞이하였지요. 당에서는 이러한 발해를 가리켜 '바다 동쪽에 있는 [4]번성한 나라'라는 뜻의 해동성국이라 불렀어요. 그러나 발해는 귀족들의 권력 다툼이 심해지면서 국력이 점차 약해지다가 거란의 침입으로 멸망하고 말았답니다.

다 발해는 고구려 유민이 중심이 되어 세운 나라인 만큼 고구려 [5]계승 의식이 강하였어요. 이러한 점은 역사 기록을 통해 알 수 있어요. 발해의 왕은 일본에 보낸 [6]외교 문서에 스스로를 '고려(고구려)' 또는 '고려(고구려) 왕'이라고 표현하며 고구려 계승 의식을 분명히 하였어요. 일본에서도 발해를 '고려(고구려)'라고 부르기도 하였지요. 당에서도 발해를 세운 대조영을 고려(고구려)의 별종이라고 여겼어요.

라 발해가 고구려를 계승한 사실은 문화유산에서도 나타나요. 고구려와 발해는 건물의 지붕 모양이 비슷하였는데, 두 나라는 공통적으로 기와에 연꽃무늬를 새겼고, 지붕 끝에 생김새가 비슷한 치미를 만들어 얹었어요. 불상 등에서도 [7]유사한 특징이 나타나 발해의 고구려 계승 의식을 엿볼 수 있답니다.

01 다음 ㄱ, ㄴ에 들어갈 낱말을 이 글에서 찾아 쓰세요.

> 고구려 장군 출신인 대조영이 고구려 유민과 말갈족을 이끌고 동모산 근처에 수도를 정해 건국한 (ㄱ)는 (ㄴ) 계승 의식이 강하였다.

 ㄱ: ㄴ:

내용 이해

02 이 글의 내용과 일치하지 <u>않는</u> 것은 무엇인가요? [   ]

① 무왕이 발해를 세웠다.

② 발해는 선왕 때 전성기를 맞았다.

③ 발해는 동모산 근처에서 건국되었다.

④ 고구려와 발해는 건물의 지붕 모양이 비슷하였다.

⑤ 발해는 고구려 유민이 중심이 되어 세운 나라이다.

내용 이해

03 다음은 발해의 발전 과정이에요. ㄱ~ㄷ에 들어갈 왕은 누구인지 이 글에서 찾아 쓰세요.

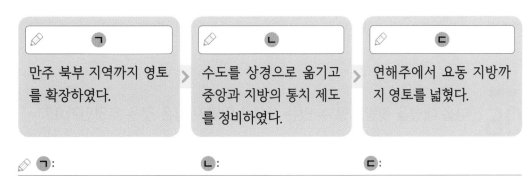

ㄱ	ㄴ	ㄷ
만주 북부 지역까지 영토를 확장하였다.	수도를 상경으로 옮기고 중앙과 지방의 통치 제도를 정비하였다.	연해주에서 요동 지방까지 영토를 넓혔다.

ㄱ: ㄴ: ㄷ:

---

❶ **저항:** 어떤 힘이나 조건에 굽히지 아니하고 거역하거나 버팀.

❷ **공존:** 두 가지 이상의 사물이나 현상이 함께 존재함.

❸ **문물:** 문화의 산물. 곧 정치, 경제, 종교, 예술, 법률 등 문화에 관한 모든 것을 통틀어 이르는 말

❹ **번성:** 세력이 한창 활발하게 일어나 퍼짐.

❺ **계승:** 조상의 전통이나 문화유산, 업적 따위를 물려받아 이어 나감.

❻ **외교:** 다른 나라와 정치·경제·문화적 관계를 맺는 일

❼ **유사:** 서로 비슷함.

04 다음 퀴즈의 내용이 맞으면 ○, 틀리면 ✕에 표시하세요.

Quiz **1**	고구려 유민은 발해의 건국 세력이다?	○	✕
Quiz **2**	발해는 선왕 때 수도를 상경으로 옮겼다?	○	✕
Quiz **3**	발해는 거란의 침입으로 멸망하게 되었다?	○	✕

05 다음 사실을 통해 알 수 있는 내용으로 알맞은 것은 무엇인가요? [✎]

> 당에서는 발해를 해동성국이라고 불렀다.

① 신라와 발해가 공존하였다.
② 발해는 대조영이 건국하였다.
③ 발해가 영토를 크게 확장하였다.
④ 발해는 고구려 계승 의식이 강하였다.
⑤ 발해에는 고구려 유민과 말갈족이 함께 살았다.

06 다음 대답을 뒷받침할 수 있는 사실로 알맞지 <u>않은</u> 것은 무엇인가요?

[✎]

> • 질문: 발해는 당에 조공을 바친 말갈이 세운 나라이므로 중국의 역사가 아닐까요?
> • 대답: 아닙니다. 발해는 고구려를 계승한 나라로, 한국의 역사입니다.

① 발해는 고구려 장군 출신이 세웠다.
② 발해는 동모산 근처에 도읍을 정하였다.
③ 발해는 고구려와 유사한 문화유산을 남겼다.
④ 발해는 고구려 유민이 중심이 되어 세운 나라이다.
⑤ 발해의 왕은 일본에 보낸 외교 문서에 스스로를 '고려 왕'이라고 하였다.

어휘를 익혀요

01 다음 뜻을 나타내는 낱말을 쓰세요.

1 두 가지 이상의 사물이나 현상이 함께 존재함. ☐☐

2 다른 나라와 정치·경제·문화적 관계를 맺는 일 ☐☐

3 어떤 힘이나 조건에 굽히지 아니하고 거역하거나 버팀. ☐☐

02 다음 빈칸에 들어갈 낱말을 오른쪽 상자에서 찾아 쓰세요.

1 음식점의 ☐☐으로 더 많은 사람이 식당을 이용
할 수 있게 되었다. ★범위, 규모, 세력 따위를 늘려서 넓힘.

2 세계화 시대에는 우리 전통문화를 ☐☐하고 발
전시키는 것이 중요하다. ★조상의 전통이나 문화유산, 업적 따위를 물려받아
이어 나감.

3 아바스 왕조의 수도 바그다드는 세계의 시장으로 불릴
만큼 ☐☐하였다. ★세력이 한창 활발하게 일어나 퍼짐.

번	성	철	수
한	열	외	계
계	사	교	승
인	확	공	존
재	장	세	비

03 다음 밑줄 친 내용을 모두 포함할 수 있는 낱말로 알맞은 것은 무엇인가요? [✎　　　]

중국 청나라 때는 많은 서양 선교사들이 중국을 오고갔다. 이 과정에서 중국의 <u>유학, 도자
기, 가구, 비단, 차</u> 등이 유럽에 전해졌다. 유럽의 궁전에서는 중국의 청화 백자로 장식한
방이 유행하였고, 중국산 도자기에 중국산 차를 마시는 것이 유럽 상류층의 취미로 자리
잡았다.

① 문물　　　② 사상　　　③ 서적　　　④ 제도　　　⑤ 학문

19 발해의 문화

글을 읽으면서 중요하다고 생각하는 낱말에 색칠해 보세요.

가 발해는 고구려 문화를 기반으로 당나라의 문화를 받아들이고, 한반도 북부에 살던 민족인 말갈의 문화를 흡수하여 독자적인 문화를 발전시켰어요. 발해의 수도였던 상경성에서는 고구려에서 사용한 것과 같은 모양의 **①**온돌 시설과 불상, 기와 등이 발견되었어요. 발해의 고분도 고구려의 양식을 따른 것이 많은데, 정혜 공주 묘가 대표적이에요. 문왕의 딸인 정혜 공주의 묘는 고구려 고분 양식을 계승하여 **②**모줄임천장구조를 갖춘 굴식 돌방무덤 양식으로 만들었어요.

나 발해는 당나라의 문화도 받아들였어요. 상경성은 당나라의 장안성을 **③**모방하여 건설한 도시로, 장안성과 유사한 구조를 갖고 있었어요. 정효 공주의 무덤은 당나라의 영향을 받아 벽돌무덤으로 만들어졌고, 당나라 양식의 벽화가 그려지기도 하였어요. 한편, 발해는 말갈의 토착 문화도 흡수하였는데, 발해의 일반 백성들이 주로 만든 흙무덤, 말갈식 토기 등은 말갈의 문화 전통을 보여 주지요.

다 발해에서는 불교가 왕실과 귀족의 **④**후원을 받으며 **⑤**융성하였어요. 발해의 수도였던 상경성, 중경성 **⑥**일대에서 절**⑦**터가 많이 발견되었고, 절터에서 많은 불상, 석등, 탑 등이 발견되어 발해에서 불교가 융성하였음을 엿볼 수 있지요. 발해의 불교는 고구려 불교문화의 전통을 계승하면서 당나라의 영향도 받았어요. 상경성에 남아 있는 석등의 연꽃무늬, 두 부처가 나란히 앉아 있는 모습의 이불병좌상 등에서 고구려 문화의 영향을 엿볼 수 있어요. 한편, 유일하게 남아 있는 발해의 탑인 영광탑은 당나라의 건축 기법으로 지어진 것이지요.

라 발해는 유학도 중요시하였어요. 유학을 통치 이념에 반영하였고, 교육 기관인 주자감을 세워 유학을 가르치고 인재를 양성하였지요. 발해의 유학자들은 사절단으로 일본에 가서 높은 **⑧**한문학 수준을 보여 주었어요. 또한 당에 유학하면서 외국인 대상 과거 시험인 빈공과에 합격한 사람들도 많았답니다.

중심 낱말 찾기

01 각 문단의 중심 낱말을 찾아 쓰세요.

가 문단: ☐☐☐ 문화를 기반으로 한 발해 문화

나 문단: ☐ 나라와 말갈의 문화를 받아들인 발해

다 문단: 발해의 ☐☐ 발달

라 문단: 발해의 ☐☐ 발달

내용 이해

02 이 글의 내용과 일치하지 <u>않는</u> 것은 무엇인가요? [ ]

① 정혜 공주 묘는 고구려 고분 양식을 계승하였다.

② 발해에서는 불교가 왕실과 귀족의 후원을 받았다.

③ 상경성은 당나라의 장안성을 모방하여 건설하였다.

④ 발해는 말갈의 토착 문화를 흡수하여 흙무덤을 만들었다.

⑤ 발해는 국자감을 세워 유학을 가르치고 인재를 양성하였다.

내용 이해

03 발해 문화의 특징으로 볼 수 <u>없는</u> 것은 무엇인가요? [ ]

① 말갈의 문화를 기반으로 하였다.

② 당나라의 문화 양식의 영향을 받았다.

③ 고구려 불교문화의 전통을 계승하였다.

④ 유학을 중요시하여 통치 이념에 반영하였다.

⑤ 불교가 융성하여 많은 불상, 탑 등을 세웠다.

---

❶ **온돌**: 불기운이 방 밑을 통과하여 방을 덥히는 장치
❷ **모줄임천장**: 모를 줄여 가며 올리는 천장
❸ **모방**: 다른 것을 본뜨거나 본받음.
❹ **후원**: 뒤에서 도와줌.

❺ **융성**: 크게 번성함.
❻ **일대**: 일정한 범위의 어느 지역 전부
❼ **터**: 집이나 건물을 지었거나 지을 자리
❽ **한문학**: 한문으로 된 문학

04 이 글의 내용과 일치하도록 괄호 안의 낱말 중 알맞은 것에 ○표 하세요.

❶ 발해는 [백제 / 고구려] 문화를 기반으로 문화를 발전시켰다.

❷ 상경성은 [말갈 / 당나라]의 장안성을 모방하여 건설한 도시이다.

05 다음에서 설명하는 문화유산을 이 글에서 찾아 쓰세요.

> 두 부처가 나란히 앉아 있는 모습의 발해 불상으로, 고구려 문화의 영향을 엿볼 수 있다.

06 발해의 문화에 대해 바르게 말한 어린이는 누구인지 쓰세요.

가희	발해에서는 융합적인 문화가 발달하였던 것 같아.
성민	발해 문화의 대부분은 중국 문화를 기반으로 한 것 같아.
해준	불교 유적을 통해 발해가 신라 계승 의식을 가졌음을 알게 된 것 같아.

07 다음 주장을 뒷받침하기 위해 조사할 내용으로 알맞은 것을 **보기**에서 골라 기호를 쓰세요.

> 발해 문화는 고구려 문화를 기반으로 발전하였다.

보기

㉠ 상경성의 구조   ㉡ 영광탑의 특징

㉢ 상경성 일대의 온돌 시설   ㉣ 정혜 공주 묘의 고분 양식

어휘를 익혀요

01 다음 낱말의 뜻을 찾아 선으로 이으세요.

1 기법 •

2 온돌 •

3 한문학 •

4 모줄임천장 •

• ㄱ 한문으로 된 문학

• ㄴ 모를 줄여 가며 올리는 천장

• ㄷ 기술이나 솜씨와 방법을 아울러 이르는 말

• ㄹ 불기운이 방 밑을 통과하여 방을 덥히는 장치

02 다음 문장의 빈칸에 들어갈 낱말을 **보기**에서 찾아 쓰세요.

보기

터   모방   융성   일대

1 이곳은 예전에 절이 있던 (   )이다.

2 남부 지방 (   )이/가 홍수로 어려움을 겪고 있다.

3 고구려는 광개토 대왕과 장수왕 때 크게 (   )하였다.

4 다른 나라를 (   )만 하지 말고 우리만의 제도를 만들어야 한다.

03 다음 글에서 밑줄 친 낱말과 바꾸어 쓸 수 있는 낱말은 무엇인가요?   [   ]

우리 배움터는 지난 10년간 여러 이름 모를 사람들의 도움을 받아 운영할 수 있었습니다.
앞으로도 많은 분들의 관심과 도움을 부탁드립니다.

① 모방   ② 수단   ③ 야심   ④ 주관   ⑤ 후원

20 신라 말의 혼란과 후삼국의 성립

글을 읽으면서 중요하다고 생각하는 낱말에 색칠해 보세요.

가 신라는 8세기 후반부터 흔들리기 시작하였어요. 혜공왕이 어린 나이로 [1]즉위하자, 귀족 세력들이 자주 반란을 일으켜 왕권이 약해졌기 때문이지요. 결국 혜공왕이 귀족들의 반란으로 [2]피살되었고, 이후 약 150년 동안 20명의 왕이 바뀔 정도로 사회는 혼란스러웠어요.

나 왕권이 약해지자 귀족들은 [3]호화로운 생활을 하면서 농민들을 [4]수탈하였어요. 게다가 전염병이 돌고 [5]흉년까지 겹치면서 농민들의 생활은 더욱 힘들어졌지요. 그러던 중 진성 여왕이 관리를 보내 세금을 [6]독촉하자, 농민들은 참지 못하고 [7]봉기를 일으키기도 하였답니다.

다 중앙 정부의 통치력이 약해지자 지방에서는 호족이 성장하였어요. 이들은 자신의 근거지를 다스리고 스스로를 성주 또는 장군이라 부르며 왕처럼 행동하였어요. 호족들은 6두품 세력과도 손을 잡았어요. 6두품 세력은 능력이 뛰어나도 골품제 때문에 관직 진출에 제한을 받아 불만이 컸지요. 이러한 6두품 중 일부와 호족은 함께 새로운 사회를 건설하려고 하였어요.

라 신라 말에는 새로운 불교 종파인 선종이 유행하였어요. 선종은 경전을 읽는 것보다 마음을 닦아 깨달음을 얻는 것이 중요하다고 가르쳤지요. 이러한 선종은 호족과 백성의 큰 호응을 얻었어요. 이 시기에는 산과 하천의 모양이 인간 생활에 영향을 준다는 풍수지리설도 유행하였어요. 풍수지리설은 지방의 중요성을 강조하여 호족의 사상적 기반이 되었지요.

마 호족 중 견훤과 궁예는 나라를 세우고 왕이 되었어요. 견훤은 900년 완산주에서 후백제를 세웠고, 궁예는 901년 송악에서 후고구려를 세웠어요. 신라의 영토는 경상도 일대로 축소되었지요. 이렇게 한반도에서는 다시 삼국이 [8]대치하는 후삼국 시대가 열리게 되었답니다.

중심 낱말 찾기

01 각 문단의 중심 낱말을 찾아 쓰세요.

가 문단: ☐☐ 사회의 혼란

나 문단: ☐☐ 의 봉기

다 문단: ☐☐ 의 성장과 6두품의 불만

라 문단: 선종과 ☐☐☐☐ 의 유행

마 문단: ☐☐☐ 시대의 성립

내용 이해

02 신라 말 농민들이 봉기한 까닭으로 알맞지 <u>않은</u> 것은 무엇인가요? [　　]

① 흉년이 들었기 때문에

② 전염병이 돌았기 때문에

③ 지방에서 호족이 성장하였기 때문에

④ 귀족들이 농민들을 수탈하였기 때문에

⑤ 정부가 농민들에게 세금을 독촉하였기 때문에

내용 이해

03 신라 말에 대한 설명이 맞으면 ◯, 틀리면 ✕에 표시하세요.

1 중앙 정부의 통치력이 강화되었다. [◯ / ✕]

2 새로운 불교 종파인 선종이 유행하였다. [◯ / ✕]

3 풍수지리설이 귀족의 사상적 기반이 되었다. [◯ / ✕]

4 호족과 6두품 세력이 새로운 사회를 건설하려고 하였다. [◯ / ✕]

❶ **즉위**: 임금의 자리에 오름.

❷ **피살**: 죽임을 당함.

❸ **호화**: 사치스럽고 화려함.

❹ **수탈**: 강제로 빼앗음.

❺ **흉년**: 농사가 잘되지 않아 굶주리게 된 해

❻ **독촉**: 일이나 행동을 빨리하도록 재촉함.

❼ **봉기**: 벌 떼처럼 떼 지어 세차게 일어남.

❽ **대치**: 서로 맞서서 버팀.

다음에서 설명하는 세력을 이 글에서 찾아 쓰세요.

신라 말 지방에서 성장한 세력으로, 자신의 근거지를 다스리고 스스로를 성주 또는 장군
이라 부르며 왕처럼 행동하였다.

✎ _____

다음은 후백제와 후고구려의 건국에 대해 정리한 것이에요. ㄱ~ㄷ에 들어갈 말
을 이 글에서 찾아 쓰세요.

구분	건국 연도	세운 사람	건국 당시의 수도
후백제	900년	ㄴ	완산주
후고구려	ㄱ	궁예	ㄷ

✎ ㄱ: _____ ㄴ: _____ ㄷ: _____

선종과 풍수지리설을 모두 포함한 발표 주제로 알맞은 것은 무엇인가요? [✎]

① 통일 신라의 성립 ② 중앙 집권 강화 정책
③ 귀족의 후원을 받은 불교 ④ 신라 말 농민 봉기의 원인
⑤ 신라 말 새로운 사상의 유행

가~라 문단 중 다음 글과 관련이 있는 문단은 무엇인가요? [✎]

진성여왕 3년에 나라 안의 여러 주와 군에서 공물과 세금을 바치지 않아 나라의 창고가
텅 비고 나라의 씀씀이가 어렵게 되자 왕이 관리를 보내 독촉하니, 이로 인하여 곳곳에
서 농민들이 벌 떼처럼 일어났다.

① 가 문단 ② 나 문단 ③ 다 문단 ④ 라 문단 ⑤ 마 문단

어휘를 익혀요

01 다음 뜻을 나타내는 낱말을 쓰세요.

① 죽임을 당함. ☐ ☐

② 임금의 자리에 오름. ☐ ☐

③ 벌 떼처럼 떼 지어 세차게 일어남. ☐ ☐

④ 농사가 잘되지 않아 굶주리게 된 해 ☐ ☐

02 다음 빈칸에 들어갈 낱말을 오른쪽 상자에서 찾아 쓰세요.

① 그는 이사 간 집을 값비싼 물건들로 ☐ ☐ 롭게 꾸

몄다. ★사치스럽고 화려함.

② 일본은 우리나라를 식민지로 삼고 토지를 ☐ ☐★

하였다. ★강제로 빼앗음.

③ 범인들은 몇 가지 사항을 요구하며 경찰과 ☐ ☐★

하였다. ★서로 맞서서 버팀.

개	조	수	탈
발	호	평	봉
유	화	저	기
피	살	포	강
곤	대	치	설

03 다음 글에서 밑줄 친 낱말과 바꾸어 쓸 수 있는 낱말은 무엇인가요? [🖉]

나는 오늘 과제를 끝내고 연주와 공원에 놀러 가기로 하였다. 그런데 연주가 과제를 빨리
끝내라고 <u>재촉</u>하니 과제를 하는 속도가 더 느려졌다.

① 대치   ② 독촉   ③ 봉기   ④ 수탈   ⑤ 호응

실력 확인

01 신석기 시대에 대한 설명으로 알맞은 것은 무엇인가요? [✐   ]

① 농사를 짓고 가축을 길렀다.
② 철로 만든 농사 도구를 사용하였다.
③ 주로 동굴이나 바위 그늘에서 살았다.
④ 청동으로 무기나 제사 도구를 만들었다.
⑤ 주로 돌을 깨뜨려서 생활 도구를 만들었다.

02 다음을 통해 알 수 있는 고조선 사람들이 중시한 경제 활동은 무엇인지 쓰세요.

> 환웅은 바람, 비, 구름을 다스리는 신하 등 무리 삼천 명을 이끌고 인간 세상에 내려왔다.

✐ _____

03 고조선의 법 중 '사람을 죽인 자는 사형에 처한다.'라는 조항으로 알 수 있는 사실을 바르게 말한 어린이는 누구인가요? [✐   ]

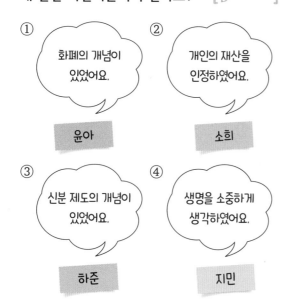

① 화폐의 개념이 있었어요. — 윤아
② 개인의 재산을 인정하였어요. — 소희
③ 신분 제도의 개념이 있었어요. — 하준
④ 생명을 소중하게 생각하였어요. — 지민

04 다음 설명에 해당하는 나라는 어디인가요? [✐   ]

> 왕과 마가, 우가, 저가, 구가라 불리는 가들이 각자의 영역을 다스렸다.

① 동예   ② 부여
③ 옥저   ④ 삼한

05 다음 보기 에서 백제 성왕의 업적을 모두 골라 기호를 쓰세요.

> **보기**
> ㉠ 사비로 도읍을 옮겼다.
> ㉡ 마한의 목지국을 흡수하였다.
> ㉢ 백제의 전성기를 맞이하였다.
> ㉣ 신라와 함께 고구려를 공격하여 한강 유역을 되찾았다.

✐ _____

06 고구려 소수림왕의 업적으로 알맞지 <u>않은</u> 것은 무엇인가요? [✐   ]

① 불교 수용   ② 율령 반포
③ 태학 설립   ④ 한강 유역 차지

07 다음 ㉠에 들어갈 신라 왕의 업적으로 알맞은 것은 무엇인가요? [✐   ]

지증왕 ▶ ㉠ ▶ 진흥왕

① 불교를 공인하였다.
② 대가야를 정복하였다.
③ '왕' 칭호를 사용하였다.
④ 김씨의 왕위 세습을 확립하였다.
⑤ 고구려를 공격하여 함흥평야까지 진출하였다.

08 금관가야에 대한 설명으로 알맞지 <u>않은</u> 것은 무엇인가요? [✎   ]

① 낙랑, 왜와 교류하였다.
② 고령 지역에 자리 잡았다.
③ 질 좋은 철을 많이 생산하였다.
④ 가장 먼저 가야 연맹을 주도하였다.
⑤ 5세기 고구려가 신라에 침입한 왜를 물리치는 과정에서 타격을 입어 쇠퇴하였다.

09 ㉠~㉢에 들어갈 삼국 시대의 신분을 알맞게 연결한 것은 무엇인가요? [✎   ]

㉠	노비가 대부분을 차지하였다.
㉡	주로 농사를 지으며 나라에 세금을 바쳤다.
㉢	대대로 신분을 세습하면서 관리가 되고 많은 토지를 가질 수 있었다.

	㉠	㉡	㉢
①	귀족	천민	평민
②	천민	귀족	평민
③	천민	평민	귀족
④	평민	귀족	천민

10 다음 대화의 밑줄 친 '이 종교'는 무엇인가요? [✎   ]

삼국이 왕권을 강화하는 과정에서 이 종교를 받아들인 이유는 뭘까?

이 종교의 '왕은 곧 부처'라는 사상이 왕권을 뒷받침하였기 때문이지.

① 도교   ② 불교
③ 유교   ④ 천도교

11 다음 문화유산을 통해 알 수 있는 백제 문화의 특징으로 알맞은 것은 무엇인가요? [✎   ]

| • 칠지도   • 백제 금동 대향로 |

① 천문학이 발달하였다.
② 불교 예술이 발달하였다.
③ 천문도 제작이 활발하였다.
④ 금속 공예 기술이 발달하였다.
⑤ 유교를 국가 통치 수단으로 활용하였다.

12 굴식 돌방무덤에 대한 설명으로 알맞지 <u>않은</u> 것은 무엇인가요? [✎   ]

① 삼국에서 모두 만들어졌다.
② 내부에 벽화를 그리기도 하였다.
③ 도굴이 어려워 많은 껴묻거리가 보존되었다.
④ 신라에서는 6세기 말 이후에 많이 만들어졌다.
⑤ 돌로 널방을 만들어 통로를 연결한 후 그 위에 흙을 덮었다.

13 다음에서 설명하는 나라는 어디인지 쓰세요.

| 삼국 중 일본과 가장 활발하게 교류하였는데, 아직기와 왕인은 일본에 한문, 논어 등의 학문을 전해 주었다. |

✎ _____

14 살수 대첩에 대한 설명으로 알맞은 것은 무엇인가요? [✎   ]

① 을지문덕이 고구려군을 이끌었다.
② 천리장성 축조가 원인이 되어 일어났다.
③ 안시성의 백성들이 결사적으로 저항하였다.
④ 당이 고구려 요동성과 백암성을 함락하였다.
⑤ 당이 연개소문의 정변을 핑계 삼아 고구려를 침입하면서 시작되었다.

15 다음 보기 는 삼국 통일 과정에서 있었던 일들이에요. 이를 일어난 순서대로 기호를 쓰세요.

> **보기**
> ㉠ 백제가 멸망하였다.
> ㉡ 고구려가 멸망하였다.
> ㉢ 나당 동맹이 맺어졌다.
> ㉣ 신라가 매소성 전투, 기벌포 전투에서 승리하였다.

16 다음 가상 인터뷰의 밑줄 친 '왕'은 누구인가요? [✏]

> **기자** 안녕하세요. 관리에게 관료전을 지급하고 녹읍을 폐지한 이유는 무엇입니까?
> **왕** 귀족들의 경제적 기반을 약화하고, 왕권을 강화하기 위해서지요.
> **기자** 국학을 세우신 것도 같은 이유에서 입니까?
> **왕** 왕권을 뒷받침할 인재를 양성하기 위해서이니, 왕권 강화를 위한 정책이라는 점에서는 비슷할 수 있겠습니다.

① 무열왕   ② 문무왕
③ 신문왕   ④ 진흥왕

17 다음 활동을 한 인물은 누구인가요? [✏]

> 백성에게 어려운 불교 교리 대신 '나무아미타불'만 외우면 극락에 갈 수 있다고 가르쳐 불교의 대중화에 기여하였다.

① 원효   ② 의상
③ 자장   ④ 혜초

18 다음 중 검색 결과로 알맞은 것은 무엇인가요? [✏]

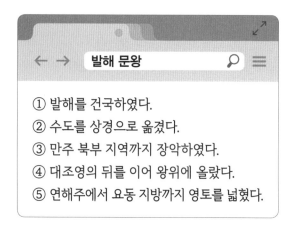

> 발해 문왕
> ① 발해를 건국하였다.
> ② 수도를 상경으로 옮겼다.
> ③ 만주 북부 지역까지 장악하였다.
> ④ 대조영의 뒤를 이어 왕위에 올랐다.
> ⑤ 연해주에서 요동 지방까지 영토를 넓혔다.

19 ㉠에 공통으로 들어갈 나라로 알맞은 것은 무엇인가요? [✏]

> 발해는 (㉠) 문화를 계승하였다. 상경성에서는 (㉠)에서 사용한 것과 같은 모양의 온돌 시설이 발견되었고, 정혜 공주 묘는 (㉠)의 고분 양식을 따라 만들어졌다.

① 당   ② 말갈
③ 신라   ④ 고구려

20 신라 말의 사회 모습으로 알맞은 것을 보기 에서 고른 것은 무엇인가요? [✏]

> **보기**
> ㉠ 농민들이 봉기를 일으켰다.
> ㉡ 지방에서 호족이 성장하였다.
> ㉢ 선종과 풍수지리설이 유행하였다.
> ㉣ 중앙 정부의 통치력이 강화되었다.

① ㉠, ㉡   ② ㉠, ㉡, ㉢
③ ㉡, ㉢, ㉣   ④ ㉠, ㉡, ㉢, ㉣

정답

완자 공부력 가이드

완자 공부력 시리즈는
앞으로도 계속 출간될 예정입니다.

쓰기력

국어
맞춤법
바로 쓰기
1~2학년용
4책

어휘력

전과목
어휘
1~6학년용
12책

전과목
한자
어휘
1~6학년용
12책

영어
파닉스
1~2학년용
2책

영어
영단어
3~6학년용
8책

독해력

국어
독해
1~6학년용
12책

한국사
독해
인물편
3~6학년용
4책

한국사
독해
시대편
3~6학년용
4책

계산력

수학
계산
1~6학년용
12책

완자 공부력 시리즈로 공부 근육을 키워요!

매일 성장하는
초등 자기개발서
ⓦ완자
공부력

학습의 기초가 되는 읽기, 쓰기, 셈하기와 관련된
공부력을 키워야 여러 교과를 터득하기 쉬워집니다.
또한 어휘력과 독해력, 쓰기력, 계산력을 바탕으로 한
'공부력'은 자기주도 학습으로 상당한 단계까지 올라갈 수
있는 밑바탕이 되어 줍니다. 그래서 매일 꾸준한 학습이
가능한 '**완자 공부력 시리즈**'로 공부하면 **자기주도학습**이
가능한 튼튼한 공부 근육을 키울 수 있을 것이라 확신합니다.

효과적인 공부력 강화 계획을 세워요!

⊙ 학년별 공부 계획

내 학년에 맞게 꾸준하게 공부 계획을 세워요!

		1-2학년	3-4학년	5-6학년
기본	독해	국어 독해 1A 1B 2A 2B	국어 독해 3A 3B 4A 4B	국어 독해 5A 5B 6A 6B
	계산	수학 계산 1A 1B 2A 2B	수학 계산 3A 3B 4A 4B	수학 계산 5A 5B 6A 6B
	어휘	전과목 어휘 1A 1B 2A 2B	전과목 어휘 3A 3B 4A 4B	전과목 어휘 5A 5B 6A 6B
		파닉스 1 2	영단어 3A 3B 4A 4B	영단어 5A 5B 6A 6B
확장	어휘	전과목 한자 어휘 1A 1B 2A 2B	전과목 한자 어휘 3A 3B 4A 4B	전과목 한자 어휘 5A 5B 6A 6B
	쓰기	맞춤법 바로 쓰기 1A 1B 2A 2B		
	독해		한국사 독해 인물편 1 2 3 4	
			한국사 독해 시대편 1 2 3 4	

○ 시기별 공부 계획

학기 중에는 **기본**, 방학 중에는 **기본 + 확장**으로 공부 계획을 세워요!

방학 중			
학기 중			
기본			확장
독해	계산	어휘	어휘, 쓰기, 독해
국어 독해	수학 계산	전과목 어휘	전과목 한자 어휘
		파닉스(1~2학년) 영단어(3~6학년)	맞춤법 바로 쓰기(1~2학년) 한국사 독해(3~6학년)

예시 **초1 학기 중 공부 계획표** 주 5일 하루 3과목 (45분)

월	화	수	목	금
국어 독해	국어 독해	국어 독해	국어 독해	국어 독해
수학 계산	수학 계산	수학 계산	수학 계산	수학 계산
전과목 어휘	파닉스	전과목 어휘	전과목 어휘	파닉스

예시 **초4 방학 중 공부 계획표** 주 5일 하루 4과목 (60분)

월	화	수	목	금
국어 독해	국어 독해	국어 독해	국어 독해	국어 독해
수학 계산	수학 계산	수학 계산	수학 계산	수학 계산
전과목 어휘	영단어	전과목 어휘	전과목 어휘	영단어
한국사 독해 인물편	전과목 한자 어휘	한국사 독해 인물편	전과목 한자 어휘	한국사 독해 인물편

008쪽 / 009쪽

글을 읽으면서 중요하다고 생각하는 낱말에 색칠해 보세요.

가 사람이 처음 나타난 때로부터 글자로 역사를 기록하기 시작한 초기 사람들의 생활 모습은 그들이 사용한 ❶도구로 짐작할 수 있어요. 옛날 사람들은 돌로 도구를 만들다가 점차 금속으로 도구를 만들었고, 도구가 변하면서 사람들의 생활 모습도 많이 달라졌답니다.

나 주로 돌로 도구를 만든 ❷석기 시대는 도구를 만드는 방법에 따라 구석기 시대와 신석기 시대로 구분할 수 있어요. 구석기 시대에는 돌을 깨뜨리거나 나무를 이용해서 생활 도구를 만들었어요. 이 시기 사람들은 동물의 가죽이나 풀잎으로 만든 옷을 입었고, 산과 들에서 열매를 따거나 동물을 사냥해 먹을거리를 얻었어요. 사람들은 주로 동굴이나 바위 그늘에서 살면서 추위를 견디고 동물의 공격도 피하였지요.

다 신석기 시대 사람들은 돌이나 동물 뼈를 갈고 다듬어 더 좋은 도구를 만들었어요. 흙으로 그릇을 만들고 식물에서 얻은 실로 옷감을 짜서 옷도 만들어 입었지요. 강에서 물고기와 조개를 잡았으며, ❸농사를 짓고 ❹가축을 기르기도 하였어요. 그리고 강가나 ❺해안가에 모여 살기 시작하였답니다.

라 사람들이 청동과 같은 금속으로 도구를 만들어 사용하기 시작한 시대는 청동기 시대라고 불러요. 청동은 재료를 구하기 힘들고 단단하지 않아 무기나 장신구, ❻제사 도구 등을 만드는 데 주로 쓰였고, 농사를 지을 때나 일상생활에서는 여전히 돌과 나무로 만든 도구를 사용하였어요.

마 사람들은 점차 청동보다 훨씬 단단한 철로 도구를 만들기 시작하였어요. 이 시기를 철기 시대라고 해요. 철은 청동보다 구하기 쉽고 단단하여 농사 도구, 무기 등 다양한 도구를 만드는 데 사용하였어요. 사람들은 철로 만든 농사 도구를 사용하여 더 많은 곡식을 ❼수확할 수 있었지요. 철로 만든 튼튼한 무기를 가진 사람들은 전쟁에서 쉽게 이길 수 있었고, 이에 따라 전쟁도 자주 일어났답니다.

---

01 각 문단의 중심 낱말에 ○표 하세요.

가 문단: 옛날 사람들이 사용한 [노래 / (도구)]를 통해 생활 모습을 짐작할 수 있다.

나 문단: [(구석기) / 청동기] 시대에는 돌이나 나무를 이용해서 도구를 만들었다.

다 문단: [구석기 / (신석기)] 시대 사람들은 농사를 지었다.

라 문단: [돌 / (청동)]은 무기나 장신구, 제사 도구 등을 만드는 데 주로 쓰였다.

마 문단: 사람들은 [(철) / 청동](으)로 만든 농사 도구로 많은 곡식을 수확하였다.

02 이 글의 내용과 일치하는 것은 무엇인가요? [②]

① 구석기 시대 사람들은 농사를 지었다.
② 철기 시대에는 전쟁이 자주 일어났다.
③ 철로 도구를 만든 시대를 신석기 시대라고 한다.
④ 청동은 주로 농사 도구를 만드는 데 사용하였다.
⑤ 청동기 시대에는 돌과 나무로 도구를 만들지 않았다.

도움말 | **마** 문단을 통해 철기 시대에 철로 무기를 만들었고, 이에 따라 전쟁도 자주 일어났음을 확인할 수 있어요.

03 다음과 같은 모습이 나타난 이유를 이 글에서 찾아 쓰세요.

청동기 시대에 청동으로는 주로 무기나 장신구, 제사 도구 등을 만들고, 농사를 지을 때나 일상생활에서는 여전히 돌과 나무로 만든 도구를 사용하였다.

✎ 청동은 재료를 구하기 힘들고 단단하지 않았기 때문이다

❶ 도구: 일을 할 때 쓰는 연장을 통틀어 이르는 말
❷ 석기: 돌로 만든 여러 가지 생활 도구
❸ 시대: 역사적으로 어떤 표준에 의해 구분된 일정한 기간
❹ 농사: 곡식과 채소 등의 씨나 모종을 심어 기르고 거두는 일
❺ 가축: 집에서 기르는 짐승
❻ 해안가: 바닷물과 땅이 서로 닿은 곳이나 그 근처
❼ 제사: 신령이나 죽은 사람의 넋에게 음식을 바치어 정성을 나타내는 의식
❽ 수확: 익은 농작물을 거두어들임.

010쪽 / 011쪽

04 철기 시대에 대한 설명으로 알맞은 것은 무엇인가요? [③]

① 농사를 짓기 시작하였다. → 신석기 시대
② 전쟁이 일어나지 않았다. → 전쟁이 자주 일어났어요.
③ 철로 만든 농사 도구를 사용하였다.
④ 주로 동굴이나 바위 그늘에서 살았다. → 구석기 시대
⑤ 구석기 시대와 신석기 시대로 구분할 수 있다. → 석기 시대

도움말 | 철기 시대에 사람들은 철로 만든 농사 도구를 사용하여 더 많은 곡식을 수확할 수 있었어요.

05 다음은 이 글의 구조를 나타낸 것이에요. ㉠에 들어갈 알맞은 말을 쓰세요.

가 옛날 사람들이 사용한 도구와 생활 모습

나 구석기 시대의 생활 모습
다 신석기 시대의 생활 모습
라 (㉠)의 생활 모습
마 철기 시대의 생활 모습

✎ 청동기 시대

06 구석기 시대 사람이 쓸 수 있는 일기 내용으로 알맞은 것을 모두 골라 기호를 쓰세요.

오늘은 아버지와 함께 ㉠ 동물을 사냥하였다. 저녁에는 사냥한 동물과 ㉢ 올해 농사지은 곡식으로 음식을 만들어 가족이 함께 먹었다. 음식을 담은 그릇은 얼마 전에 어머니가 ㉣ 흙으로 만든 그릇으로, 바닥이 뾰족해서 땅에 잘 고정되었다. 내일은 동네 사람들이 ㉤ 청동으로 제사 도구를 만든다고 해서 동생과 구경을 가기로 하였다.

✎ ㉠, ㉡

도움말 | ㉢, ㉣은 **다** 문단을 통해 신석기 시대, ㉤은 **라** 문단을 통해 청동기 시대에 해당하는 내용임을 알 수 있어요.

---

01 다음 낱말의 뜻을 찾아 선으로 이으세요.

① 농사
② 청동기
③ 해안가

㉠ 청동으로 만든 그릇이나 기구
㉡ 바닷물과 땅이 서로 닿은 곳이나 그 근처
㉢ 곡식과 채소 등의 씨나 모종을 심어 기르고 거두는 일

02 다음 문장의 빈칸에 들어갈 낱말을 보기 에서 찾아 쓰세요.

보기
가축   석기   시대   제사

❶ 조선 (시대)에는 과학 기술이 크게 발달하였다.
❷ 우리집에서는 닭, 소를 비롯한 다양한 (가축)을/를 기르고 있다.
❸ 우리 가족은 조상님께 (제사)을/를 드리기 위해 친척 집에 갔다.
❹ 주먹 도끼는 돌로 만든 작은 도끼로, 구석기 시대의 대표적인 (석기)이다.

03 다음 글의 밑줄 친 '수확'과 같은 뜻으로 사용된 문장은 무엇인가요? [③]

철기 시대 사람들은 철로 만든 농사 도구를 사용하여 청동기 시대보다 더 많은 곡식을  수확할 수 있었다.

① 시험에서 얻은 수확이 크다.
② 이번 회의에서 그 기업은 큰 수확을 거두었다.
③ 과일을 수확하는 농부의 얼굴에 땀이 맺혀 있었다.
④ 철수가 얻은 수확은 야구 경기에서 우승을 차지한 것만이 아니다.
⑤ 학생들의 마음을 알게 된 것이 이번 설문 조사의 가장 큰 수확이다.

02 우리 역사 최초의 국가, 고조선

글을 읽으면서 중요하다고 생각하는 낱말에 색칠해 보세요.

가 청동기 시대에는 *권력을 가진 사람이 나타나 다른 사람들을 지배하기 시작하였어요. 큰 힘을 가진 세력은 주변 세력을 *정복해 나갔고, 이 과정에서 단군왕검이 우리 역사 최초의 국가인 고조선을 세웠답니다. 역사책인 『삼국유사』에는 고조선의 건국 이야기가 실려 있는데, 이를 통해 고조선의 건국 과정과 당시의 사회 모습을 짐작할 수 있어요.

나 다음은 『삼국유사』에 실린 고조선의 건국 이야기예요. 옛날에 하늘을 다스리던 환인에게 환웅이라는 아들이 있었어요. 환웅은 인간 세상을 다스리고 싶어 하였어요. 그리하여 ㉠ 환웅은 바람, 비, 구름을 다스리는 신하 등 무리 삼천 명을 이끌고 인간 세상에 내려왔어요. 이때 곰 한 마리와 호랑이 한 마리가 환웅을 찾아와 사람이 되게 해 달라고 빌었어요. 환웅은 곰과 호랑이에게 쑥과 마늘을 주면서 "이것을 먹으면서 100일 동안 햇빛을 보지 않으면 사람의 모습이 될 것이다."라고 하였지요. 곰은 이 말을 지켜 여자(웅녀)로 변해 환웅과 결혼하고 단군왕검을 낳았어요. 단군왕검은 아사달에 *도읍을 정하고 고조선을 건국하였답니다.

다 이와 같은 고조선의 건국 이야기에 담긴 뜻을 알면 고조선이 세워진 당시의 사회 모습을 짐작할 수 있어요. 환웅이 하늘에서 내려왔다는 것은 고조선의 지배자가 하늘로부터 온 *자손임을 내세워 뛰어난 존재임을 강조한 것이지요. 환웅이 거느린 바람, 비, 구름을 다스리는 신하는 농사에 중요한 날씨와 관련된 것으로, 당시 사람들이 농사를 중요하게 여긴 것을 알 수 있어요. 곰과 호랑이 중 곰이 사람으로 변한 뒤 환웅과 결혼하였다는 것은 곰을 *섬기는 *부족과 환웅 부족이 *연합한 사실을 짐작하게 해요. 단군왕검의 '단군'은 하늘에 제사를 지내는 제사장을 의미하고, '왕검'은 나라를 이끄는 정치 지도자를 의미하는 것으로, 고조선의 지배자는 정치와 제사를 모두 담당하였음도 알 수 있어요.

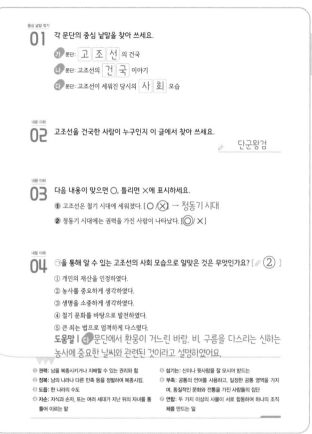

중심 낱말 찾기

01 각 문단의 중심 낱말을 찾아 쓰세요.

> **가** 문단: 고 조 선 의 건국
>
> **나** 문단: 고조선의 건 국 이야기
>
> **다** 문단: 고조선이 세워진 당시의 사 회 모습

내용 이해

02 고조선을 건국한 사람이 누구인지 이 글에서 찾아 쓰세요.

🖊 단군왕검

내용 이해

03 다음 내용이 맞으면 ○, 틀리면 ✕에 표시하세요.

❶ 고조선은 철기 시대에 세워졌다. [○ / ✕] → 청동기 시대

❷ 청동기 시대에는 권력을 가진 사람이 나타났다. [◎ / ✕]

내용 이해

04 ㉠을 통해 알 수 있는 고조선의 사회 모습으로 알맞은 것은 무엇인가요? [🖊 ②]

① 개인의 재산을 인정하였다.
② 농사를 중요하게 생각하였다.
③ 생명을 소중하게 생각하였다.
④ 철기 문화를 바탕으로 발전하였다.
⑤ 큰 죄는 법으로 엄격하게 다스렸다.

도움말 | 다 문단에서 환웅이 거느린 바람, 비, 구름을 다스리는 신하는 농사에 중요한 날씨와 관련된 것이라고 설명하였어요.

❶ **권력**: 남을 복종시키거나 지배할 수 있는 권리와 힘
❷ **정복**: 남의 나라나 다른 민족을 정벌하여 복종시킴.
❸ **도읍**: 한 나라의 수도
❹ **자손**: 자식과 손자, 또는 여러 세대가 지난 뒤의 자녀를 통틀어 이르는 말
❺ **섬기는**: 신이나 윗사람을 잘 모시어 받드는
❻ **부족**: 공통의 언어를 사용하고, 일정한 공통 영역을 가지며, 동질적인 문화와 전통을 가진 사람들의 집단
❼ **연합**: 두 가지 이상의 사물이 서로 합동하여 하나의 조직체를 만드는 일

내용 이해

05 다음 중 검색 결과로 알맞지 <u>않은</u> 것은 무엇인가요? [🖊 ②]

> ← 단군왕검 🔍 ☰
>
> ① 여자로 변한 곰과 결혼하였다.
> ② 한강 유역에 도읍을 정하였다.
> ③ 우리 역사 최초의 국가를 세웠다.
> ④ 하늘을 다스리던 환인의 아들이다.
> ⑤ 바람, 비, 구름을 다스리는 신하들을 이끌고 인간 세상에 내려왔다.

도움말 | ② 아사달에 도읍을 정하였어요.

내용 이해

06 다음 고조선의 모습을 짐작하게 하는 내용을 보기 에서 골라 기호를 쓰세요.

> **보기**
> ㉠ 곰이 사람으로 변한 뒤 환웅과 결혼하였다.
> ㉡ 단군왕검의 아버지인 환웅은 하늘에서 내려왔다.
> ㉢ '단군'은 제사장을, '왕검'은 정치 지도자를 말한다.

❶ 곰을 섬기는 부족과 환웅 부족이 합쳐졌다. [🖊 ㉠]

❷ 고조선의 지배자는 정치와 제사를 모두 담당하였다. [🖊 ㉢]

❸ 고조선의 지배자가 하늘로부터 온 뛰어난 존재임을 강조하였다. [🖊 ㉡]

내용 추론

07 이 글을 읽고 짐작한 내용으로 알맞지 <u>않은</u> 것은 무엇인가요? [🖊 ①]

① 고조선은 평등한 사회를 이루었구나.
② 고조선 사람들은 농사를 통해 먹을 것을 얻었구나.
③ 단군왕검은 하늘에 제사를 지내면서 나라를 다스렸구나.
④ 청동기 시대에 정복 활동이 일어나면서 국가가 생겨났구나.
⑤ 호랑이를 섬기는 부족과 곰을 섬기는 부족이 환웅 부족과 연합하길 원하였구나.

도움말 | ① 고조선이 건국된 청동기 시대에 권력을 가진 사람이 다른 사람들을 지배하였다는 사실을 통해 고조선은 평등한 사회가 아니었음을 짐작할 수 있어요.

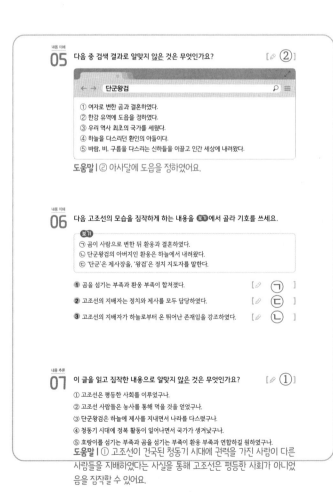

01 다음 뜻을 나타내는 낱말을 쓰세요.

❶ 한 나라의 수도 도 읍

❷ 남의 나라나 다른 민족 등을 정벌하여 복종시킴. 정 복

❸ 자식과 손자, 또는 여러 세대가 지난 뒤의 자녀를 통틀어 이르는 말 자 손

❹ 공통의 언어를 사용하고, 일정한 공통 영역을 가지며, 동질적인 문화와 전통을 가진 사람들의 집단 부 족

02 다음 밑줄 친 낱말과 바꾸어 쓸 수 있는 낱말을 선으로 이으세요.

❶ 그 가문은 대대로 <u>권세</u>를 누렸다. • • ㉠ 권력

❷ 영희는 학교에서 친구들과 <u>떼</u>를 지어 다녔다. • • ㉡ 도읍

❸ 백제의 성왕은 교통이 편리하고 평야 지대인 사비로 <u>수도</u>를 옮겼다. • • ㉢ 무리

03 다음 빈칸에 공통으로 들어갈 낱말로 알맞은 것은 무엇인가요? [🖊 ③]

> • 신라는 중국의 당나라와 (연합)하여 백제와 고구려를 공격하였다.
> • 세 개의 환경 운동 단체가 (연합)하여 벌인 이번 캠페인은 환경 오염을 줄이는 데 도움을 줄 수 있을 것이다.

① 단절 ② 배출 ③ 연합 ④ 정복 ⑤ 조합

03 고조선의 발전과 사회 모습

016쪽 017쪽

글을 읽으면서 중요하다고 생각하는 낱말에 색칠해 보세요.

가 고조선은 중국과는 다른 ^①독자적인 청동기 문화를 형성하며 성장하였어요. 비파형 동검과 탁자식 고인돌이 대표적이지요. 만주와 한반도 서북부 지역에서는 비파형 동검과 탁자식 고인돌이 많이 발견되었는데, 이를 통해 고조선의 문화가 뻗어 나간 범위를 짐작할 수 있답니다. 고조선은 점차 철기 문화를 받아들여 나라의 힘을 키웠어요. 왕권이 강화되면서 왕위를 세습하고 왕 밑에 관직을 두기도 하였지요.

나 기원전 2세기 초에는 고조선에 들어온 위만이 준왕을 몰아내고 왕위를 차지해 새로운 고조선의 왕이 되었어요. 위만이 ^④집권한 이후 고조선은 본격적으로 철기 문화를 받아들였어요. 고조선은 철기의 사용으로 농업이 발전하여 농업 생산력이 증가하는 한편, 주변 나라를 정복하여 더욱 세력을 넓혀 나갔답니다.

다 고조선은 사회 질서를 유지하기 위해 법을 만들었어요. 당시에 있었던 8개의 법 조항 중 현재는 3개만 전해지고 있는데, 이를 통해 고조선의 사회 모습을 알 수 있답니다. '사람을 죽인 자는 사형에 처한다.'라는 조항은 고조선 사람들이 생명을 소중하게 생각하였음을 짐작하게 해요. '남에게 ^⑤상해를 입힌 사람은 곡식으로 갚아야 한다.'라는 조항은 당시에 ^⑥사유 재산을 인정하였음을 보여 주지요. '남의 물건을 훔친 사람은 데려다 노비로 삼으며, 죄를 면하려면 50만 전을 내야 한다.'라는 조항의 '노비', '50만 전'을 통해 당시에 각각 ^⑦신분 제도와 화폐의 개념이 있었음도 짐작할 수 있답니다.

라 중국의 한나라는 강해지는 고조선에 불안을 느껴 대규모 군대를 이끌고 고조선을 침략하였어요. 고조선은 약 1년간 한나라에 맞서 끈질기게 저항하였지요. 그러나 전쟁이 길어지면서 일부 고조선 사람들은 한반도의 남부 지역으로 흩어졌어요. 그리고 마침내 수도인 왕검성이 ^⑧함락되어 우리나라 최초의 국가인 고조선은 멸망하게 되었답니다.

중심 낱말 찾기

01 각 문단의 중심 낱말에 ○표 하세요.

- **가** 문단: 고조선은 독자적인 [철기 / (청동기)] 문화를 형성하며 성장하였다.
- **나** 문단: 고조선은 [석기 / (철기)]의 사용으로 농업 생산력이 증가하였다.
- **다** 문단: 고조선은 사회 질서를 유지하기 위해 [(법)/ 종교]을/를 만들었다.
- **라** 문단: 고조선은 한나라의 침략으로 [성장 /(멸망)]하였다.

내용 이해

02 고조선에 대한 설명으로 알맞지 <u>않은</u> 것은 무엇인가요? [✎ ③]

① 왕 밑에 관직을 두었다.
② 독자적인 청동기 문화를 형성하며 성장하였다.
③ 기원전 2세기 초에 준왕이 위만을 몰아내었다.
④ 8개의 법 조항이 있었는데, 현재는 3개만 전해진다.
⑤ 한나라의 침입에 맞서 약 1년간 끈질기게 저항하였다.

도움말 | ③ 기원전 2세기 초에 위만이 준왕을 몰아내고 왕위를 차지하였어요.

내용 이해

03 이 글을 통해서 알 수 있는 내용에 ○표 하세요.

고조선의 법 조항 ○	고조선의 사회 모습 ○

고조선의 건국 이야기 ☐

고조선이 침략한 나라 ☐	고조선을 멸망시킨 나라 ☐

---

① **독자적:** 다른 것과 구별되는 혼자만의 특유한 것
② **세기:** 백 년을 단위로 하는 기간
③ **왕위:** 임금의 자리
④ **집권:** 권세나 정권을 잡음.
⑤ **상해:** 남의 몸에 상처를 내어 해를 끼침.
⑥ **사유:** 개인이 사사로이 소유함. 또는 그런 소유물
⑦ **신분:** 개인의 사회적인 위치나 계급
⑧ **함락:** 요새나 성, 군대의 진지 등이 공격을 받아 무너짐.

018쪽 019쪽

내용 이해

04 다음 법 조항과 이를 통해 알 수 있는 사회 모습을 선으로 이으세요.

법 조항
① 사람을 죽인 자는 사형에 처한다.
② 남에게 상해를 입힌 사람은 곡식으로 갚아야 한다.
③ 남의 물건을 훔친 사람은 데려다 노비로 삼으며, 죄를 면하려면 50만 전을 내야 한다.

사회 모습
㉠ 사유 재산을 인정하였다.
㉡ 생명을 소중하게 생각하였다.
㉢ 신분 제도와 화폐의 개념이 있었다.

내용 이해

05 다음을 통해 알 수 있는 고조선의 모습을 바르게 말한 어린이는 누구인지 쓰세요.

고조선에서는 왕위를 세습하고 왕 밑에 관직을 두었다.

- **가영** 왕권이 강화되었어요.
- **다인** 철기 문화를 받아들였어요.
- **승우** 사람들의 생명을 소중하게 생각하였어요.

도움말 | 고조선에서 왕권이 강화되면서 왕위를 세습하고 왕 밑에 관직을 두었어요.

가영

내용 추론

06 (가), (나) 중 고조선의 세력 범위를 나타낸 지도의 기호를 쓰세요.

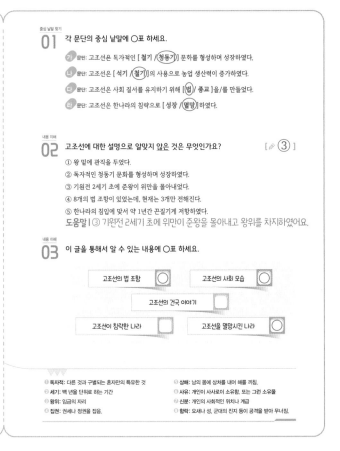

(가) (나)

✎ (가)

도움말 | 가 문단을 통해 비파형 동검과 탁자식 고인돌이 많이 발견된 만주와 한반도 서북부 지역까지 고조선의 문화가 뻗어 나갔음을 알 수 있어요.

---

01 다음 낱말의 뜻을 찾아 선으로 이으세요.

① 상해 — ㉠ 개인의 사회적인 위치나 계급
② 신분 — ㉡ 남의 몸에 상처를 내어 해를 끼침.
③ 함락 — ㉢ 요새나 성, 군대의 진지 등이 공격을 받아 무너짐.

02 다음 밑줄 친 낱말의 뜻을 보기에서 찾아 기호를 쓰세요.

보기
㉠ 권력이나 기세의 힘
㉡ 어떤 힘이나 조건에 굴히지 아니하고 거역하거나 버팀.
㉢ 한 집안의 재산이나 신분, 직업 등을 대대로 물려주고 물려받음.
㉣ 남의 나라를 불법으로 쳐들어가서 그 나라의 것을 억지로 빼앗음.

① 그 토지는 부모로부터 <u>세습</u>받은 것이다. (㉢)
② 발해는 고구려의 옛 영토를 거의 되찾고 <u>세력</u>을 크게 떨쳤다. (㉠)
③ 고려 말에는 외적이 자주 <u>침략</u>해서 백성들의 생활이 어려워졌다. (㉣)
④ 독립운동가들은 일본 경찰에게 <u>저항</u>하다가 목숨을 잃기도 하였다. (㉡)

03 다음 글에서 밑줄 친 낱말과 바꾸어 쓸 수 있는 낱말은 무엇인가요? [✎ ④]

소설가들은 자기만의 문체가 있다. 이 문체는 그 소설의 재미를 결정하는 데 크게 작용한다. 문체란 문장의 <u>개성적</u> 특색을 말하는 것으로, 이는 시대, 문장의 종류, 글쓴이에 따라 그 특성이 문장에 드러난다.

① 가급적 ② 개방적 ③ 기초적 ④ 독자적 ⑤ 보편적

04 철기 시대의 여러 나라

글을 읽으면서 중요하다고 생각하는 낱말에 색칠해 보세요.

가 철기 문화를 바탕으로 만주와 한반도에는 ⊙ 여러 나라가 나타났어요. 만주와 한반도 북쪽에는 부여와 고구려가 세워졌지요. 부여는 넓은 평야에 자리 잡아서 농사와 ²목축이 발달하였고, 왕과 마가, 우가, 저가, 구가라 불리는 ³가들이 각자의 ⁴영역을 다스렸어요. 그리고 왕이 죽으면 왕을 모시던 사람들을 함께 묻는 순장의 풍습이 있었답니다.

나 부여의 남쪽에 세워진 고구려에서는 왕과 대가라고 불리는 관리들이 나라의 중요한 일을 함께 의논하여 정하였어요. 고구려가 세워진 지역은 산과 계곡이 많아 농사를 지을 땅이 부족하였기 때문에 고구려는 적극적으로 전쟁을 벌여 세력을 넓혀 갔어요. 그래서 사람들은 말타기, 활쏘기 등의 ⁵무예를 중요하게 여겼지요. 고구려에는 결혼을 하면 자식이 생길 때까지 신랑이 신부 집에 가서 사는 서옥제라는 혼인 풍습이 있었답니다.

다 한반도의 동해안 지역에서는 옥저와 동예가 성장하였어요. 두 나라에는 왕이 없었고 ⁶군장이 각 지역을 다스렸지요. 옥저와 동예는 농사가 발달하였고, 소금과 해산물이 풍부하였어요. 옥저에는 신랑이 될 집안이 신부가 될 여자아이를 데려와 키우다 아이가 자라면 결혼하는 민며느리제라는 혼인 풍습이 있었고, 가족 공동 무덤을 만드는 풍습이 있었어요. 동예에는 같은 씨족끼리 혼인하지 않는 족외혼과 다른 부족의 ⁷경계를 침범하면 노비나 소, 말로 ⁸보상하는 책화라는 풍습이 있었어요.

라 한반도 남쪽에는 작은 나라들이 모여서 만들어진 삼한이 있었어요. 이 지역은 기후와 토양이 농사짓기에 알맞아 농업이 발달하였지요. 삼한 중 변한에서는 철이 많이 생산되어 주변 나라에 수출하기도 하였답니다. 삼한에는 정치를 담당하는 군장과 제사를 ⁹주관하는 천군이 따로 있었어요. 천군이 다스리는 '소도'라는 곳은 정치적으로 독립된 지역이어서 군장이 권력을 마음대로 쓸 수 없었어요.

중심 낱말 찾기

01 ⊙에 해당하는 나라를 이 글에서 모두 찾아 쓰세요.
✏️ 부여, 고구려, 옥저, 동예, 삼한

내용 이해

02 다음 중 부여와 관련 있는 내용에 ○표 하세요.

⭕ 목축 ☐ 소도 ⭕ 순장
☐ 책화 ☐ 서옥제 ☐ 가족 공동 무덤

내용 이해

03 동예에 대한 설명이 맞으면 ○, 틀리면 ✕에 표시하세요.
① 같은 씨족끼리 혼인하지 않는 족외혼이라는 풍습이 있었다. [⭕ / ✕]
② 마가, 우가, 저가, 구가라 불리는 가들이 각자의 영역을 다스렸다. [○ / ⊗]
부여에 대한 설명이에요.

내용 이해

04 다음 중 설명의 대상이 나머지와 다른 하나는 무엇인가요? [✏️ ④]
① 한반도 남쪽에 위치하였다.
② 군장과 천군이 따로 있었다.
③ 작은 나라들이 모여 만들어졌다.
④ 가족 공동 무덤을 만드는 풍습이 있었다.
⑤ 소도에서는 군장이 권력을 마음대로 쓰지 못했다.
도움말 | ①, ②, ③, ⑤는 삼한에 대한 설명이고, ④는 옥저에 대한 설명이에요.

① **목축**: 소, 말, 양, 돼지 등의 가축을 많이 기르는 일
② **가**: 부여, 고구려의 족장이나 높은 관리를 이르던 말
③ **영역**: 한 나라의 주권이 미치는 범위
④ **무예**: 무술에 관한 재주
⑤ **군장**: 부족을 다스리는 우두머리
⑥ **경계**: 지역이 구분되는 한계
⑦ **보상**: 남에게 끼친 손해를 갚음.
⑧ **주관**: 어떤 일을 책임을 지고 맡아 관리함.

내용 이해

05 다음 밑줄 친 '이곳'은 어디인지 이 글에서 찾아 쓰세요.

- 이곳은 삼한의 천군이 다스리는 지역이었다.
- 군장은 이곳에서 권력을 마음대로 쓸 수 없었다.

✏️ 소도

도움말 | 라 문단을 통해 삼한의 소도는 천군이 다스리는 지역으로 정치적으로 독립되어 있었음을 알 수 있어요.

내용 이해

06 이 글의 내용과 일치하도록 다음 ⊙~ⓒ에 들어갈 알맞은 말을 쓰세요.

나라	고구려	(ⓛ)	옥저
혼인 풍습	(⊙)	족외혼	(ⓒ)

✏️ ⊙: 서옥제 ⓛ: 동예 ⓒ: 민며느리제

내용 추론

07 이 글을 읽고 다음과 같이 나라를 분류한 까닭은 무엇인지 쓰세요.

부여, 고구려, 옥저, 동예, 삼한

| 부여, 고구려 | 옥저, 동예, 삼한 |

✏️ 부여, 고구려는 왕이 있고, 옥저, 동예, 삼한은 왕이 없다.

내용 추론

08 이 글을 읽고 삼한에 대해 바르게 이해한 어린이는 누구인지 쓰세요.

가인 정치와 제사가 분리된 사회였구나.
주혜 왕이 강한 권력을 누리고 있었구나.
하진 고구려와 가까이 있어서 고구려의 간섭을 받았겠구나.

✏️ 가인

도움말 | 정치를 담당하는 군장과 제사를 주관하는 천군이 따로 있었던 사실을 통해 삼한은 정치와 제사가 분리된 사회임을 알 수 있어요.

---

01 다음 낱말의 뜻을 찾아 선으로 이으세요.

1 경계 — ⓛ 무술에 관한 재주
2 목축 — ⓒ 지역이 구분되는 한계
3 무예 — ⓒ 소, 말, 양, 돼지 등의 가축을 많이 기르는 일

02 다음 문장의 빈칸에 들어갈 낱말을 보기에서 찾아 쓰세요.

보기
보상   영역   침범   풍습

① 그는 자신의 실수로 발생한 손해를 (보상)하였다.
② 이 나라는 다른 민족의 잦은 (침범)으로 어려움을 겪었다.
③ 명절이면 가족들이 한자리에 모이는 것이 우리나라의 (풍습)이다.
④ 신문에는 다른 나라의 비행기가 우리나라의 (영역)을 침범하였다는 기사가 실렸다.

03 다음 글의 밑줄 친 '주관'과 같은 뜻으로 사용된 문장이 아닌 것은 무엇인가요?
[✏️ ①]

삼한은 정치를 담당하는 군장과 제사를 주관하는 천군을 따로 두었다.

① 내 친구 은희는 주관이 매우 뚜렷하다.
② 연극제는 A기업의 주관으로 개최되었다.
③ 해당 업무를 주관하는 부서는 행정과이다.
④ 정부에서는 3·1절 기념행사를 주관하였다.
⑤ 반장의 주관 아래 학급 회의가 진행되었다.

020쪽 021쪽
022쪽 023쪽

05 백제의 성립과 발전

글을 읽으면서 중요하다고 생각하는 낱말에 색칠해 보세요.

㉮ 부여와 고구려에서 내려온 세력은 한강 ❶유역의 ❷토착 세력과 연합하여 하성에 도읍을 정하고 백제를 건국하였어요. 백제가 자리 잡은 한강 유역은 농경이 발달하였고, 교통의 중심지로 선진 문물을 받아들이기 좋은 곳이었어요. 이러한 장점을 바탕으로 백제는 주변의 여러 나라들을 정복하면서 힘을 키워 갔어요.

㉯ 백제는 3세기 고이왕 때부터 성장하였어요. 고이왕은 나라의 기틀을 세우고자 법령을 만들고 관리의 등급을 마련하였어요. ❸대외적으로는 마한의 목지국을 흡수하여 중부 지방을 ❹장악하였어요.

㉰ 4세기 중반 근초고왕 때 백제는 ❺전성기를 맞이하였어요. 근초고왕은 남쪽에 남아 있던 마한 세력을 정복하고, 가야에 영향력을 행사하였어요. 북쪽으로는 고구려를 공격하여 황해도 일부 지역까지 영토를 넓혔지요. 또한 황해와 남해를 이용하여 중국의 동진, 왜 등과 교류하며 고구려를 견제하였어요.

㉱ 5세기에 백제는 강력해진 고구려와 대립하여 위기를 맞았어요. 고구려의 공격으로 수도 한성이 함락되고, 백제는 수도를 웅진으로 옮기게 되었답니다. 수도를 옮긴 후 백제에서는 귀족들의 권력 다툼이 일어나 왕권이 더욱 약해졌고, 교역로를 확보하지 못해 대외 교류도 어려워졌어요. 이러한 상황에서 무령왕은 왕권을 강화하고 고구려를 공격하여 영토 일부를 회복하였어요. 이로써 백제는 ❻중흥의 발판을 마련하였지요.

㉲ 무령왕의 아들 성왕도 백제의 중흥을 위해 노력하였어요. 그는 다른 나라와의 교류가 유리한 사비로 도읍을 옮기고, 중앙과 지방의 통치 조직을 정비하였어요. 그리고 신라와 함께 고구려를 공격하여 한강 유역을 되찾았지요. 그러나 백제는 신라의 공격을 받아 한강 하류 지역을 다시 신라에게 빼앗기고 말았어요. 이에 성왕은 군대를 이끌고 신라를 공격하였지만, 관산성에서 ❼전사하며 패배하였어요.

중심 낱말 찾기

01 각 문단의 중심 낱말을 찾아 쓰세요.

㉮ 문단: 백제의 성립
㉯ 문단: 고이왕 때의 체제 정비
㉰ 문단: 근초고왕의 영토 확장
㉱ 문단: 백제의 위기와 무령왕의 중흥 노력
㉲ 문단: 성왕의 중흥 노력

내용 이해

02 이 글의 내용과 일치하지 않는 것은 무엇인가요? [②]

① 백제는 한강 유역에 자리 잡았다.
② 무령왕은 백제의 도읍을 사비로 옮겼다.
③ 백제 고이왕은 관리의 등급을 마련하였다.
④ 백제는 근초고왕 때 전성기를 맞이하였다.
⑤ 근초고왕은 황해도 일부 지역까지 영토를 넓혔다.

도움말 | ㉲ 문단에서 백제의 도읍을 사비로 옮긴 왕은 성왕임을 알 수 있어요.

내용 이해

03 이 글의 내용과 일치하도록 괄호 안의 낱말 중 알맞은 것에 ○표 하세요.

❶ 고구려의 공격을 받은 백제는 수도를 [사비 / (웅진)](으)로 옮겼다.
❷ [성왕 / (근초고왕)]은 남쪽에 남아 있던 마한 세력을 정복하였다.
❸ [고이왕 / (무령왕)]은 고구려를 공격하여 영토 일부를 회복하였다.

❶ 유역: 강물이 흐르는 둘레의 가 부분으로, 주변 지역을 가리킴.
❷ 토착: 대대로 그 땅에서 살고 있음.
❸ 대외적: 나라나 사회의 외부에 관련되는 것
❹ 장악: 무엇을 마음대로 할 수 있게 됨을 이르는 말
❺ 전성기: 어느 집단의 힘이 가장 강하던 시기
❻ 중흥: 쇠퇴하였던 것을 다시 일어나게 함.
❼ 전사: 전쟁터에서 적과 싸우다 죽음.

내용 이해

04 이 글을 통해 답을 알 수 있는 질문이 아닌 것은 무엇인가요? [③]

① 성왕의 업적은 무엇인가요?
② 백제는 어느 나라와 교류하였나요?
③ 백제는 어느 나라에게 멸망당하였나요?
④ 백제가 건국될 당시의 도읍은 어디인가요?
⑤ 백제로부터 한강 유역을 빼앗은 나라는 어디인가요?

도움말 | ③ 이 글에 백제를 멸망시킨 나라는 언급되지 않았어요.

내용 이해

05 백제 수도가 사비였을 때 있었던 사실을 바르게 말한 어린이는 누구인지 쓰세요.

법령을 만들었어요. — 라희
신라와 함께 고구려를 공격하여 한강 유역을 되찾았어요. — 주혜
고구려를 공격하여 황해도 일부 지역까지 영토를 넓혔어요. — 하진

주혜

도움말 | 백제 수도가 사비였을 때는 성왕 즉위 이후예요. 성왕은 신라와 함께 고구려를 공격하여 한강 유역을 되찾았어요.

내용 추론

06 백제가 지도의 ㉠, ㉡과 같이 수도를 옮긴 까닭을 쓰세요.

㉠과 같이 수도를 옮긴 까닭: 고구려의 공격으로 수도 한성이 함락되었기 때문이다.

㉡과 같이 수도를 옮긴 까닭: 다른 나라와의 교류를 유리하게 하기 위해서이다.

---

01 다음 뜻을 나타내는 낱말을 쓰세요.

❶ 대대로 그 땅에서 살고 있음. 토착
❷ 나라나 사회의 외부에 관련되는 것 대외적
❸ 어느 집단의 힘이 가장 강하던 시기 전성기
❹ 문물의 발전 단계나 진보 정도가 다른 것보다 앞섬. 선진

02 다음 밑줄 친 낱말의 뜻을 보기에서 찾아 기호를 쓰세요.

보기
㉠ 쇠퇴하였던 것을 다시 일어나게 함.
㉡ 어떤 일의 가장 중요한 계기나 조건
㉢ 상대편이 지나치게 세력을 펴거나 자유롭게 행동하지 못하게 억누름.
㉣ 의견이나 처지, 속성 따위가 서로 반대되는 현상이나 그런 관계를 말함.

❶ 세대 간의 대립이 사회 문제로 떠올랐다. (㉣)
❷ 정부는 경제 부흥을 위해 끊임없이 노력하였다. (㉠)
❸ 그는 상대 선수의 집중적인 견제에도 불구하고 골을 넣었다. (㉢)
❹ 고구려 소수림왕은 여러 정책을 통해 나라 발전의 기틀을 다졌다. (㉡)

03 다음 글에서 밑줄 친 낱말과 바꾸어 쓸 수 있는 낱말은 무엇인가요? [④]

이집트의 나일강은 일정한 시기마다 흘러넘쳐 주변의 땅을 기름지게 하였다. 그래서 나일강 언저리에서는 일찍부터 농업이 발달하였고, 이를 바탕으로 이집트 문명이 일어났다.

① 터 ② 수도 ③ 영토 ④ 유역 ⑤ 체제

06 고구려의 성립과 발전

글을 읽으면서 중요하다고 생각하는 낱말에 색칠해 보세요.

가 주몽은 압록강 유역의 졸본 지역에 고구려를 세웠어요. 그런데 이 지역은 산과 계곡이 많아 농사를 지을 땅이 부족하였어요. 그래서 고구려는 주변 지역으로 영토를 넓히려고 활발한 정복 활동을 하였답니다.

나 고구려는 1세기 초 압록강 중류의 국내성으로 도읍을 옮기고 주변 지역을 정복하면서 세력을 넓혀 나갔어요. 1세기 후반 태조왕 때는 동해안으로 나아가 옥저를 정복하였지요. 2세기 고국천왕 시기에는 지방에 관리를 °파견하여 행정과 군사 업무를 처리하였어요. 4세기 초 미천왕 때는 낙랑군을 멸망시키며 세력을 확대하였지요. 그러나 고국원왕이 평양성을 공격한 백제군을 막다가 전사하며 고구려는 국가적인 위기를 맞게 되었답니다.

다 4세기 중반 소수림왕은 국가의 위기를 극복하고 사회를 안정시키기 위해 국가 °체제를 정비하였어요. 그는 중국에서 불교를 받아들였고, 교육 기관인 태학을 세워 °인재를 °양성하였으며, °율령을 °반포하여 통치 조직을 정비하였지요. 이러한 노력에 힘입어 고구려는 왕 중심의 중앙 집권 체제를 더욱 강화할 수 있었어요.

라 고구려는 5세기 광개토 대왕과 장수왕 때 전성기를 맞이하였어요. 광개토 대왕은 요동 지역을 차지하고 백제를 공격하여 한강 이북을 차지하는 등 영토 확장에 힘을 기울였어요. 이 무렵 고구려는 왜의 공격을 받은 신라에 군사를 보내 도와주었는데, 이 과정에서 낙동강 하류까지 진출하였고 신라에 대한 영향력을 확대하였지요. 광개토 대왕의 뒤를 이은 장수왕은 도읍을 평양으로 옮기고 남쪽으로 세력을 넓혔어요. 그리고 백제를 공격하여 수도 한성을 함락하고 한강 유역을 차지하여 한반도 중부 지역까지 영토를 확장하였어요. 이러한 활동에 힘입어 고구려는 5세기경 한반도 중부 지방에서 만주 지역까지 아우르는 동북아시아의 °강대국으로 성장하였고, 이러한 °번영은 6세기 초반까지 이어졌답니다.

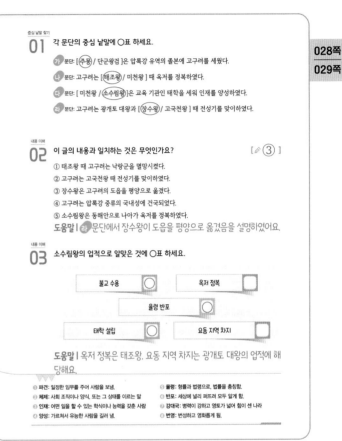

중심 낱말 찾기

01 각 문단의 중심 낱말에 ○표 하세요.

가 문단: [**주몽** / 단군왕검]은 압록강 유역의 졸본에 고구려를 세웠다.

나 문단: 고구려는 [**태조왕** / 미천왕] 때 옥저를 정복하였다.

다 문단: [미천왕 / **소수림왕**]은 교육 기관인 태학을 세워 인재를 양성하였다.

라 문단: 고구려는 광개토 대왕과 [**장수왕** / 고국천왕] 때 전성기를 맞이하였다.

내용 이해

02 이 글의 내용과 일치하는 것은 무엇인가요? [✎ ③]

① 태조왕 때 고구려는 낙랑군을 멸망시켰다.
② 고구려는 고국천왕 때 전성기를 맞이하였다.
③ 장수왕은 고구려의 도읍을 평양으로 옮겼다.
④ 고구려는 압록강 중류의 국내성에 건국되었다.
⑤ 소수림왕은 동해안으로 나아가 옥저를 정복하였다.

도움말 | 라 문단에서 장수왕이 도읍을 평양으로 옮겼음을 설명하였어요.

내용 이해

03 소수림왕의 업적으로 알맞은 것에 ○표 하세요.

불교 수용 ○	옥저 정복

율령 반포 ○

태학 설립 ○	요동 지역 차지

도움말 | 옥저 정복은 태조왕, 요동 지역 차지는 광개토 대왕의 업적에 해당해요.

° 파견: 일정한 임무를 주어 사람을 보냄.
° 체제: 사회 조직이나 양식, 또는 그 상태를 이르는 말
° 인재: 어떤 일을 할 수 있는 학식이나 능력을 갖춘 사람
° 양성: 가르쳐서 유능한 사람을 길러 냄.
° 율령: 형률과 법령으로, 법률을 총칭함.
° 반포: 세상에 널리 퍼뜨려 모두 알게 함.
° 강대국: 병력이 강하고 영토가 넓어 힘이 센 나라
° 번영: 번성하고 영화롭게 됨.

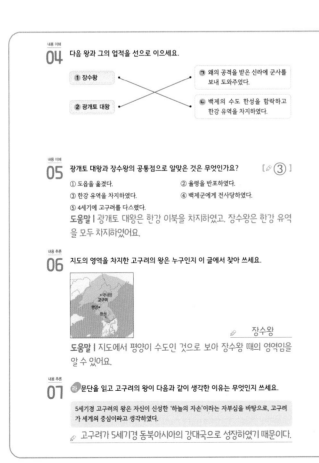

내용 이해

04 다음 왕과 그의 업적을 선으로 이으세요.

1 장수왕 — ㉠ 왜의 공격을 받은 신라에 군사를 보내 도와주었다.

2 광개토 대왕 — ㉡ 백제의 수도 한성을 함락하고 한강 유역을 차지하였다.

내용 이해

05 광개토 대왕과 장수왕의 공통점으로 알맞은 것은 무엇인가요? [✎ ③]

① 도읍을 옮겼다.
② 율령을 반포하였다.
③ 한강 유역을 차지하였다.
④ 백제군에게 전사당하였다.
⑤ 4세기에 고구려를 다스렸다.

도움말 | 광개토 대왕은 한강 이북을 차지하였고, 장수왕은 한강 유역을 모두 차지하였어요.

내용 추론

06 지도의 영역을 차지한 고구려의 왕은 누구인지 이 글에서 찾아 쓰세요.

✎ 장수왕

도움말 | 지도에서 평양이 수도인 것으로 보아 장수왕 때의 영역임을 알 수 있어요.

내용 추론

07 **라** 문단을 읽고 고구려의 왕이 다음과 같이 생각한 이유는 무엇인지 쓰세요.

> 5세기경 고구려의 왕은 자신이 신성한 '하늘의 자손'이라는 자부심을 바탕으로, 고구려가 세계의 중심이라고 생각하였다.

✎ 고구려가 5세기경 동북아시아의 강대국으로 성장하였기 때문이다.

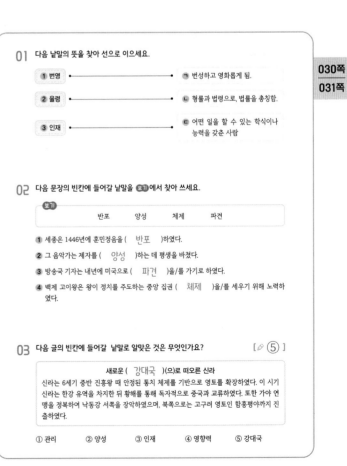

01 다음 낱말의 뜻을 찾아 선으로 이으세요.

1 번영 — ㉠ 번성하고 영화롭게 됨.

2 율령 — ㉡ 형률과 법령으로, 법률을 총칭함.

3 인재 — ㉢ 어떤 일을 할 수 있는 학식이나 능력을 갖춘 사람

02 다음 문장의 빈칸에 들어갈 낱말을 보기에서 찾아 쓰세요.

보기
반포   양성   체제   파견

1 세종은 1446년에 훈민정음을 (반포)하였다.
2 그 음악가는 제자를 (양성)하는 데 평생을 바쳤다.
3 방송국 기자는 내년에 미국으로 (파견)을/를 가기로 하였다.
4 백제 고이왕은 왕이 정치를 주도하는 중앙 집권 (체제)을/를 세우기 위해 노력하였다.

03 다음 글의 빈칸에 들어갈 낱말로 알맞은 것은 무엇인가요? [✎ ⑤]

> 새로운 (강대국)(으)로 떠오른 신라
> 신라는 6세기 중반 진흥왕 때 안정된 통치 체제를 기반으로 영토를 확장하였다. 이 시기 신라는 한강 유역을 차지한 뒤 황해를 통해 독자적으로 중국과 교류하였다. 또한 가야 연맹을 정복하여 낙동강 서쪽을 장악하였으며, 북쪽으로는 고구려 영토인 함흥평야까지 진출하였다.

① 관리   ② 양성   ③ 인재   ④ 영향력   ⑤ 강대국

07 신라의 성립과 발전

032쪽 033쪽

글을 읽으면서 중요하다고 생각하는 낱말에 색칠해 보세요.

㉮ 신라는 지금의 경주 지역에 자리 잡은 사로국에서 시작되었어요. 사로국은 박혁거세로 대표되는 °유이민 세력과 경주 일대의 토착 세력이 결합하여 세운 나라예요. 한반도 동남쪽 끝에 위치하였던 신라는 선진 문화를 받아들이기 어려웠지만, 주변의 부족을 장악하며 세력을 키워 나갔어요.

㉯ 신라 초기에는 박씨, 석씨, 김씨가 돌아가며 왕인 '이사금' 자리를 차지하였어요. 4세기 후반 내물왕 때에는 왕권이 더욱 성장하여 김씨의 왕위 세습이 확립되었고, 왕의 °칭호도 대군장을 뜻하는 '마립간'으로 바뀌었어요. 이 무렵 왜가 공격해 오자 신라는 고구려의 광개토 대왕에게 도움을 요청하여 왜군을 °격퇴하였어요.

㉰ 6세기 초 지증왕은 나라 이름을 '신라'로 정하고 '왕'이라는 칭호를 사용하였어요. 이 시기 소로 밭을 가는 우경을 °도입하여 농업 생산량이 크게 늘어났지요. 대외적으로는 경상도 북부에 진출하였고, 우산국(울릉도)을 정복하여 영토를 확장하였답니다.

㉱ 뒤이어 즉위한 법흥왕은 율령을 반포하고, 관직을 정비하여 나라의 기틀을 마련하였어요. 법흥왕은 상대등을 설치하여 귀족 회의인 화백 회의를 이끌게 하였지요. 또한 그는 병부를 설치하여 군권을 장악하는 한편, 불교를 °공인하여 백성의 사상을 통합하고자 하였어요. 밖으로는 김해의 금관가야를 정복하여 영토를 넓혔어요.

㉲ 신라는 6세기 중반 진흥왕 때 전성기를 맞이하였어요. 진흥왕은 화랑도를 국가적인 조직으로 °재편하여 인재를 양성하고 세력을 확장하였어요. 이를 토대로 진흥왕은 백제와 연합하여 한강 상류를 차지하였고, 다시 백제로부터 한강 하류 지역까지 빼앗아 한강 유역을 차지하였지요. 이로써 신라는 황해를 통해 중국과 직접 교역할 수 있게 되었어요. 또한 진흥왕은 대가야를 정복하여 가야 연맹을 멸망시켰고, 고구려를 공격하여 함흥평야까지 진출하였답니다.

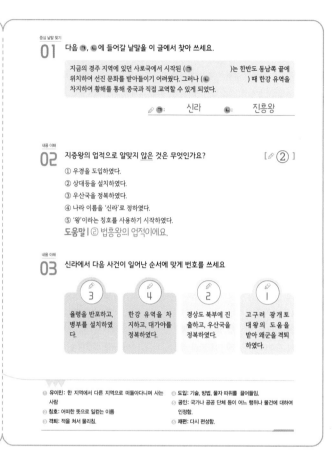

01 다음 ㉠, ㉡에 들어갈 낱말을 이 글에서 찾아 쓰세요.

지금의 경주 지역에 있던 사로국에서 시작된 (㉠   )는 한반도 동남쪽 끝에 위치하여 선진 문화를 받아들이기 어려웠다. 그러나 (㉡   ) 때 한강 유역을 차지하여 황해를 통해 중국과 직접 교역할 수 있게 되었다.

㉠: 신라   ㉡: 진흥왕

02 지증왕의 업적으로 알맞지 않은 것은 무엇인가요? [②]

① 우경을 도입하였다.
② 상대등을 설치하였다.
③ 우산국을 정복하였다.
④ 나라 이름을 '신라'로 정하였다.
⑤ '왕'이라는 칭호를 사용하기 시작하였다.

도움말 | ② 법흥왕의 업적이에요.

03 신라에서 다음 사건이 일어난 순서에 맞게 번호를 쓰세요

③ 율령을 반포하고, 병부를 설치하였다.
④ 한강 유역을 차지하고, 대가야를 정복하였다.
② 경상도 북부에 진출하고, 우산국을 정복하였다.
① 고구려 광개토 대왕의 도움을 받아 왜군을 격퇴하였다.

° 유이민: 한 지역에서 다른 지역으로 떠돌아다니며 사는 사람
° 칭호: 어떠한 뜻으로 일컫는 이름
° 격퇴: 적을 쳐서 물리침.
° 도입: 기술, 방법, 물자 따위를 끌어들임.
° 공인: 국가나 공공 단체 등이 어느 행위나 물건에 대하여 인정함.
° 재편: 다시 편성함.

034쪽 035쪽

04 다음은 신라에서 왕의 칭호가 변화한 것을 나타낸 것이에요. (가)에 들어갈 말을 이 글에서 찾아 쓰세요.

이사금 ▶ (가) ▶ 왕

마립간

도움말 | 신라 왕의 칭호는 초기 '이사금'에서 내물왕 때 '마립간'으로 바뀌었고, 지증왕 때 '왕'으로 바뀌었어요.

05 다음 정책과 그 목적을 선으로 이으세요.

정책
① 병부를 설치하였다.
② 불교를 공인하였다.
③ 화랑도를 국가 조직으로 재편하였다.

목적
㉠ 인재를 양성하고자 하였다.
㉡ 왕이 군권을 장악하고자 하였다.
㉢ 백성의 사상을 통합하고자 하였다.

06 이 글을 읽은 어린이가 다음 질문에 대답한 내용으로 알맞은 것은 무엇인가요? [②]

법흥왕이 신라를 다스린 시기에 어떤 일이 있었을까요?

① 박씨가 신라의 왕이 되었어요. — 내물왕 때부터 김씨의 왕위 세습이 확립되었어요.
② 상대등이 화백 회의를 이끌었어요.
③ 신라의 왕을 '마립간'이라고 불렀어요. — 내물왕 때
④ 함흥평야가 신라 영토로 편입되었어요. ┐
⑤ 황해를 통해 신라와 중국이 직접 교역하였어요. ┘ — 진흥왕 때의 사실이에요.

도움말 | 법흥왕이 상대등을 설치하여 귀족 회의인 화백 회의를 이끌게 하였어요.

01 다음 뜻을 나타내는 낱말을 쓰세요.

① 다시 편성함. 재편
② 어떠한 뜻으로 일컫는 이름 칭호
③ 한 지역에서 다른 지역으로 떠돌아다니며 사는 사람 유이민

02 다음 밑줄 친 낱말의 뜻을 보기에서 찾아 기호를 쓰세요.

보기
㉠ 적을 쳐서 물리침.
㉡ 어떤 일의 가장 중요한 계기나 조건
㉢ 문물의 발전 단계나 진보 정도가 다른 것보다 앞섬.
㉣ 국가나 공공 단체 등이 어느 행위나 물건에 대하여 인정함.

① 남북 회담으로 평화의 기틀을 다지게 되었다. (㉡)
② 그 선수의 기록은 국제적인 공인을 받지 못하였다. (㉣)
③ 이순신 장군의 군대는 남해에서 일본군을 격퇴하였다. (㉠)
④ 기업은 이번에 이루어진 협상을 통해 선진 기술을 도입하게 되었다. (㉢)

03 '도입'이 다음과 같은 뜻으로 쓰인 문장이 아닌 것은 무엇인가요? [②]

기술, 방법, 물자 따위를 끌어들임.

① 새로운 이론이 도입되면서 학문이 발전하였다.
② 저자는 이 책의 도입에서 글의 주제를 언급하였다.
③ 조선 시대 실학자들은 선진 문물을 도입하자고 주장하였다.
④ 삼국 시대에 불교가 도입되면서 건축 기술이 발전을 이루었다.
⑤ 이 공장은 새로운 기술을 도입함으로써 개발 비용을 줄일 수 있었다.

08 가야 연맹의 성립과 발전

글을 읽으면서 중요하다고 생각하는 낱말에 색칠해 보세요.

가 고구려, 백제, 신라가 성립할 무렵, 낙동강 유역의 변한 지역에서는 철기 문화를 바탕으로 여러 나라들이 연합하여 가야 [1]연맹을 형성하였어요. 가야 연맹의 각 나라는 독자성을 유지하였고, 강한 나라가 연맹을 이끌었지요.

나 가장 먼저 연맹을 [2]주도한 나라는 김해 지역의 금관가야였어요. 금관가야는 질 좋은 철을 많이 생산하여 우수한 철기를 만들었어요. 또한 [3]비옥한 땅에서 철제 농기구로 농사를 지어 농업 생산력이 높았어요. 금관가야는 해상 교통의 [4]요지에 자리잡아 낙랑, 왜 등과 [5]교류하며 [6]독창적인 문화를 만들기도 하였어요. 하지만 금관가야는 5세기에 고구려가 신라에 침입한 왜를 물리치는 과정에서 큰 타격을 입어 쇠퇴하였답니다.

다 5세기 후반에는 고령 지역의 대가야가 가야 연맹을 주도하였어요. 대가야는 토지가 비옥하여 농업이 크게 발달하였고, 질 좋은 철을 많이 생산하였어요. 대가야는 삼국이 경쟁하는 틈을 타 소백산맥을 넘어 섬진강 일대로 세력을 확장하였어요. 그리고 중국의 남조에 [7]사신을 보내 교류하였고, 왜와 교역하며 왜에 철을 수출하고 철로 만든 갑옷을 전하기도 하였지요. 한편, 대가야는 고구려에 맞서 맺어진 백제와 신라의 동맹에 참여하였고, 우산국(울릉도)을 정복하여 영토를 확장하였어요.

라 하지만 가야 연맹은 여러 소국들이 독자적인 권력을 유지하였기 때문에 강력한 왕권을 바탕으로 한 하나의 나라로 성장하지 못하였어요. 더구나 백제와 신라의 공격을 끊임없이 받아 불안한 상황도 계속되었지요. 결국 금관가야는 532년 신라에 병합되었고, 대가야도 562년 신라 진흥왕의 침략을 받아 멸망하였어요. 나머지 소국들도 각자 독자적인 정치권력을 유지하다가 곧 멸망하여 가야 연맹은 사라지게 되었답니다. 이후 일본으로 건너간 가야 사람들은 일본 문화가 발전하는 데 영향을 주기도 하였어요.

중심 낱말 찾기

01 각 문단의 중심 낱말을 찾아 쓰세요.

가 문단: **가야 연맹**의 형성
나 문단: **금관가야**의 성장과 쇠퇴
다 문단: **대가야**의 성장과 발전
라 문단: 가야 연맹의 **멸망**

036쪽
037쪽

내용 이해

02 이 글의 내용과 일치하지 않는 것은 무엇인가요? [✏ ①]

① 가야 연맹은 고구려에 멸망당하였다.
② 가야 연맹은 변한 지역에서 형성되었다.
③ 가야 연맹의 각 나라는 독자성을 유지하였다.
④ 금관가야와 대가야는 질 좋은 철을 많이 생산하였다.
⑤ 고령 지역의 대가야는 5세기경 가야 연맹의 주도권을 장악하였다.

도움말 | ① 가야 연맹은 신라에 멸망당하였어요.

내용 이해

03 금관가야의 농업 생산력이 높았던 이유로 알맞은 것을 보기에서 모두 골라 기호를 쓰세요.

보기
㉠ 토지가 비옥하였다.
㉡ 우수한 철기를 만들었다.
㉢ 해상 교통의 요지에 자리 잡았다. → 낙랑, 왜 등과 교류한 배경이에요.
㉣ 섬진강 일대로 세력을 확장하였다. → 대가야에 대한 설명이에요.

✏ ㉠, ㉡

① 연맹: 공동의 목적을 가진 단체나 국가가 서로 돕고 행동을 함께 할 것을 약속한 조직체
② 주도: 주동적인 처지가 되어 이끎.
③ 비옥: 땅이 기름짐.
④ 요지: 정치, 문화, 교통, 군사 따위의 핵심이 되는 곳
⑤ 교류: 문화나 사상 따위가 서로 통함.
⑥ 독창적: 다른 것을 모방함이 없이 새로운 것을 처음으로 만들어 내거나 생각해 내는 것
⑦ 사신: 임금이나 국가의 명령을 받고 외국에 사절로 가는 신하

내용 이해

04 다음 특징을 지닌 나라에 ○표 하세요.

특징	금관가야	대가야
❶ 김해 지역에 자리 잡았다.	○	
❷ 섬진강 일대로 세력을 확장하였다.		○
❸ 제일 먼저 가야 연맹을 주도하였다.	○	
❹ 남조에 사신을 보내고 왜와 교류하였다.		○

내용 추론

05 다 문단을 통해 추론할 수 있는 내용으로 알맞은 것은 무엇인가요? [✏ ④]

① 대가야는 삼국을 통일하려고 하였다.
② 가야는 중국과 직접 교류하지 못하였다.
③ 가야 연맹은 신라의 침략을 받아 멸망하였다.
④ 대가야는 국제 관계를 맺는 데 힘을 기울였다.
⑤ 고구려의 공격으로 대가야가 연맹의 주도권을 잃었다.

도움말 | 대가야가 중국 남조에 사신을 보내고, 왜와 교류하는 한편 백제와 신라의 동맹에 참여한 것 등을 통해 대가야가 국제 관계를 맺는 데 힘을 기울였음을 알 수 있어요.

내용 추론

06 다음 글을 토대로 가야가 중앙 집권 국가로 나아가지 못하고 연맹 왕국에 머무른 까닭을 쓰세요.

연맹 왕국이란 여러 작은 국가들이 하나의 맹주국을 중심으로 연맹체를 이룬 국가를 말한다. 한편, 중앙 집권 국가란 국가의 통치 권력이 지방에 분산되어 있지 아니하고 중앙 정부에 집중되어 있는 국가를 말한다.

✏ 가야 연맹은 여러 소국들이 독자적인 권력을 유지하였기 때문이다.

---

01 다음 낱말의 뜻을 찾아 선으로 이으세요.

① 사신 — ㉠ 임금이나 국가의 명령을 받고 외국에 사절로 가는 신하

② 연맹 — ㉡ 다른 것을 모방함이 없이 새로운 것으로 만들어 내거나 생각해 내는 것

③ 독창적 — ㉢ 공동의 목적을 가진 단체나 국가가 서로 돕고 행동을 함께 할 것을 약속한 조직체

038쪽
039쪽

02 다음 문장의 빈칸에 들어갈 낱말을 보기에서 찾아 쓰세요.

보기
병합   쇠퇴   주도   타격

❶ 두 회사가 (병합)하여 거대 기업이 되었다.
❷ 그녀는 시청의 (주도)(으)로 열린 음악회에서 노래를 불렀다.
❸ 중국 진나라는 농민들의 반란으로 (쇠퇴)하여 결국 멸망하였다.
❹ 소고기의 가격이 낮아지자 돼지고기 판매 회사가 (타격)을/를 입었다.

03 다음 글의 밑줄 친 '요지'와 같은 뜻으로 사용된 문장은 무엇인가요? [✏ ④]

서울은 우리나라 정치, 사회, 문화의 요지이다.

① 기자는 강연의 요지를 적어 기사를 썼다.
② 이 논문의 마지막 부분에 요지가 들어 있다.
③ 영화가 재미있었다는 것이 감상문의 요지였다.
④ 우리 군대는 적군의 요지에 집중적으로 대포를 쏘았다.
⑤ 학급 회의의 요지는 친구들을 차별하지 말자는 것이었다.

040쪽
041쪽

글을 읽으면서 중요하다고 생각하는 낱말에 색칠해 보세요.

가 삼국은 영토를 넓히고 지배 체제를 정비하는 과정에서 신분제를 확립하였어요. 삼국 시대 사람들은 태어나면서부터 신분이 정해져 있었지요. 신분은 왕족을 비롯한 귀족, 평민, 천민으로 구분되었어요. 사람들은 신분에 따라 다른 생활을 하였답니다.

나 삼국 시대에 나라를 세우거나 다른 나라와 전쟁을 치르는 과정에서 *공을 세운 사람들은 '귀족'이라는 신분을 가졌어요. 귀족은 대대로 신분을 세습하면서 관리가 되고, 많은 토지와 노비를 가질 수 있었지요. 귀족들은 화려한 무늬를 넣은 벽돌이나 기와를 이용하여 만든 집에서 살았고, 집 안에는 부엌, 고깃간, 수렛간, 곡식 창고 등의 건물이 있었답니다. 그리고 쌀밥과 고기를 먹었으며, 비단에 화려한 무늬를 넣은 옷을 입고 보석으로 *치장하였어요.

다 삼국 시대 대부분의 사람들은 평민이었어요. 평민들은 주로 농사를 지으면서 나라에 *세금을 바쳤답니다. 또한 전쟁이나 성벽을 쌓는 일 등에 동원되었지요. 이들은 움집이나 *귀틀집에서 살았으며, 수수, 기장, 보리, 콩 등의 잡곡을 주로 먹었어요. 그리고 거친 베나 동물 가죽으로 만든 옷을 입었지요.

라 천민의 대부분은 노비였어요. 이들은 전쟁 *포로이거나 죄를 지은 사람이었지요. 노비는 귀족의 땅에서 대신 농사를 짓거나 귀족의 집에서 *허드렛일을 하면서 살았어요. 이들은 주인이 소유한 재산으로 여겨져 사고 팔리기도 하였답니다.

마 한편, 신라에는 골품제라는 신분 제도가 있었어요. 골품제에서 성골과 진골은 왕족으로 높은 관직까지 올라갈 수 있었어요. 그 밑으로 6에서 1까지 두품을 나누었는데, 보통 3~1두품은 평민이고 노비는 품계가 없었어요. 신라에서는 골품제에 따라 올라갈 수 있는 관직이 *제한되어 있었고, 옷의 색깔, 집의 크기, 소유할 수 있는 말의 수가 달랐답니다.

중심 낱말 찾기
01 각 문단의 중심 낱말을 찾아 쓰세요.

가 문단: 삼국의 신 분
나 문단: 귀 족 의 생활 모습
다 문단: 평 민 의 생활 모습
라 문단: 노 비 의 생활 모습
마 문단: 신라의 골 품 제

내용 이해
02 삼국 시대 귀족에 대한 설명으로 알맞은 것은 무엇인가요? [✎ ④]

① 주로 움집이나 귀틀집에 살았다. → 평민
② 주인이 소유한 재산으로 여겨졌다. → 노비
③ 전쟁에서 포로가 된 사람들이었다. → 노비
④ 대대로 신분을 세습하면서 관리가 되었다.
⑤ 삼국 시대 대부분의 사람들이 속한 신분이었다. → 평민
도움말 | 나 문단을 통해 귀족은 대대로 신분을 세습하면서 관리가 되었음을 알 수 있어요.

내용 이해
03 다음 신분과 그 특징을 선으로 이으세요.

1 귀족 ─── ㉠ 노비가 대부분을 차지하였다.
2 천민 ─── ㉡ 많은 토지와 노비를 가질 수 있었다.
3 평민 ─── ㉢ 주로 농사를 짓고 나라에 세금을 냈다.

❶ 공: 노력과 수고를 들여 일을 마치거나 그 목적을 이룬 결과
❷ 치장: 잘 매만져 곱게 꾸밈.
❸ 세금: 국가 또는 지방 공공 단체가 필요한 경비로 사용하기 위하여 국민이나 주민으로부터 강제로 거두어들이는 금전
❹ 귀틀집: 큰 통나무를 '井' 자 모양으로 귀를 맞추어 층층이 얹고 그 틈을 흙으로 메워 지은 집
❺ 포로: 사로잡은 적
❻ 허드렛일: 중요하지 않고 귀하지 않은 일
❼ 제한: 일정한 한도를 넘지 못하게 막음.

042쪽
043쪽

내용 이해
04 다음에서 설명하는 신분을 이 글에서 찾아 쓰세요.

• 전쟁 포로이거나 죄를 지은 사람들이 속하였다.
• 귀족의 땅에서 대신 농사를 짓거나 귀족의 집에서 허드렛일을 하면서 살았다.

✎ 노비

내용 추론
05 삼국 시대의 생활 모습에 대해 이해한 내용으로 알맞지 않은 것은 무엇인가요?
[✎ ④]

① 귀족의 자식도 귀족이 되었구나.
② 의식주 생활은 신분에 따라 달랐구나.
③ 귀족과 평민의 옷은 옷감에 차이가 있었구나.
④ 모든 백성에게는 세금을 내야 할 의무가 있었구나. → 세금은 평민이 부담하였어요.
⑤ 삼국 시대에 쌀은 왕과 귀족들이 주로 먹을 수 있었구나.
도움말 | 귀족은 신분을 세습하였으므로 귀족의 자식도 귀족이 되었어요. 또한 귀족, 평민, 천민들이 주로 입는 옷, 사는 집, 먹는 음식이 달랐어요.

내용 추론
06 이 글을 읽고 다음 자료를 바르게 해석한 어린이는 누구인지 쓰세요.

▲ 골품제

경아 6두품은 관직 승진에 제한을 받지 않았구나. → 6두품은 아찬까지 승진할 수 있어요.
석훈 진골은 말을 5마리 이하로만 소유할 수 있었구나. → 진골이 가질 수 있는 말의 개수는 제한이 없었어요.
주연 신라는 골품제로 정치 활동뿐 아니라 일상생활도 제한하였구나.

✎ 주연

01 다음 낱말의 뜻을 찾아 선으로 이으세요.

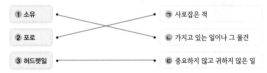

1 소유 ─── ㉠ 사로잡은 적
2 포로 ─── ㉡ 가지고 있는 일이나 그 물건
3 허드렛일 ─── ㉢ 중요하지 않고 귀하지 않은 일

02 다음 밑줄 친 낱말의 뜻을 보기 에서 찾아 기호를 쓰세요.

보기
㉠ 잘 매만져 곱게 꾸밈.
㉡ 일정한 한도를 넘지 못하게 막음.
㉢ 흐트러진 체계를 정리하여 제대로 갖춤.
㉣ 노력과 수고를 들여 일을 마치거나 그 목적을 이룬 결과

❶ 새해를 맞아 집을 새롭게 치장하였다. (㉠)
❷ 그 영화는 관람에 나이 제한을 두었다. (㉡)
❸ 새 왕은 통치 체제를 확립하는 데 힘을 기울였다. (㉢)
❹ 이번 운동회에서 1등을 한 데는 체육부장의 공이 컸다. (㉣)

03 다음 글에서 밑줄 친 낱말과 바꾸어 쓸 수 있는 낱말은 무엇인가요? [✎ ①]

국립 과학 수사 연구원에서는 첨단 장비들을 집중하여 약 3개월간 미궁에 빠져 있던 사건의 실마리를 풀게 되었다. 이 사건을 해결한 방법을 토대로 다른 여러 사건들도 해결할 수 있을 것이라는 전망이 나왔다.

① 동원 ② 세습 ③ 양성 ④ 제거 ⑤ 치장

10 삼국의 종교와 학문

글을 읽으면서 중요하다고 생각하는 낱말에 색칠해 보세요.

가 삼국은 영토를 넓히고 왕권을 강화하는 과정에서 중국으로부터 불교를 받아들였어요. 중앙 집권을 강화하려면 모두가 *보편적으로 믿을 수 있는 사상이 필요하였고, '왕은 곧 부처'라는 불교의 사상이 왕의 권위를 뒷받침하였기 때문이지요. 삼국은 불교를 통해 지방 세력을 *포용하고 백성의 사상을 통합하는 한편, 국가의 *안녕과 발전을 *기원하고자 하였답니다.

나 불교가 전해진 뒤 삼국에서는 ㉠ 불교 예술이 발달하였어요. 삼국은 국가 주도로 황룡사, 미륵사와 같은 거대한 불교 사찰을 지었어요. 사찰에는 탑을 세웠는데, 현재 남아 있는 탑으로는 백제의 익산 미륵사지 석탑, 신라의 경주 분황사 모전 석탑이 유명해요. 삼국에서는 다양한 불상도 만들었어요. 초기에는 자비로운 미소를 머금은 불상을 많이 만들었는데, 백제의 서산 용현리 마애 여래 삼존상, 신라의 경주 배동 석조 여래 삼존 입상이 대표적이에요. 고구려의 불상으로는 금동 연가 7년명 여래 입상 등이 남아 있어요.

다 불교와 함께 중국의 유교도 삼국에 전해졌어요. 고구려는 수도에 태학을 설치하여 유교 경전을 가르쳤고, 백제에서는 오경박사가 유교 경전을 가르쳤어요. 신라의 임신서기석에는 청소년들이 유교 경전을 공부하였음을 알 수 있는 내용이 담겨 있지요. 삼국 시대의 유교는 국가를 통치하기 위한 *수단으로 적극 활용되었고, 학문적인 접근은 상대적으로 활발하지는 않았답니다.

라 삼국 시대에는 중국에서 도교도 전래하였어요. *불로장생을 추구하는 *신선 사상과, 자연과 더불어 살고자 하는 산천 숭배 등이 결합한 도교는 주로 귀족 사회를 중심으로 전파되었어요. 도교가 유행하면서 고구려 사람들은 고분 벽에 신선의 세계 등을 그려 넣었어요. 백제의 산수무늬 벽돌과 백제 금동 대향로에도 도교 신앙의 요소들이 잘 표현되어 있답니다.

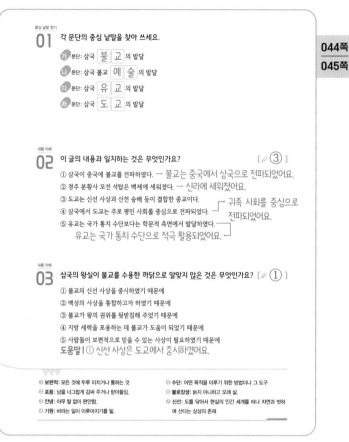

중심 낱말 찾기

01 각 문단의 중심 낱말을 찾아 쓰세요.

가 문단: 삼국 **불 교** 의 발달
나 문단: 삼국 불교 **예 술** 의 발달
다 문단: 삼국 **유 교** 의 발달
라 문단: 삼국 **도 교** 의 발달

내용 이해

02 이 글의 내용과 일치하는 것은 무엇인가요? [✎ ③]

① 삼국이 중국에 불교를 전파하였다. → 불교는 중국에서 삼국으로 전파되었어요.
② 경주 분황사 모전 석탑은 백제에 세워졌다. → 신라에 세워졌어요.
③ 도교는 신선 사상과 산천 숭배 등이 결합한 종교이다.
④ 삼국에서 도교는 주로 평민 사회를 중심으로 전파되었다. ┐귀족 사회를 중심으로 전파되었어요.
⑤ 유교는 국가 통치 수단보다는 학문적 측면에서 발달하였다.
유교는 국가 통치 수단으로 적극 활용되었어요. ┘

내용 이해

03 삼국의 왕실이 불교를 수용한 까닭으로 알맞지 않은 것은 무엇인가요? [✎ ①]

① 불교의 신선 사상을 중시하였기 때문에
② 백성의 사상을 통합하고자 하였기 때문에
③ 불교가 왕의 권위를 뒷받침해 주었기 때문에
④ 지방 세력을 포용하는 데 불교가 도움이 되었기 때문에
⑤ 사람들이 보편적으로 믿을 수 있는 사상이 필요하였기 때문에
도움말 | ① 신선 사상은 도교에서 중시하였어요.

----

❶ 보편적: 모든 것에 두루 미치거나 통하는 것
❷ 포용: 남을 너그럽게 감싸 주거나 받아들임.
❸ 안녕: 아무 탈 없이 편안함.
❹ 기원: 바라는 일이 이루어지기를 빎.

❺ 수단: 어떤 목적을 이루기 위한 방법이나 그 도구
❻ 불로장생: 늙지 아니하고 오래 삶.
❼ 신선: 도를 닦아서 현실의 인간 세계를 떠나 자연과 벗하며 산다는 상상의 존재

내용 이해

04 삼국의 불교 예술에 해당하는 것에 ○표 하세요. ← 산수무늬 벽돌에는 도교 신앙의 요소들이 표현되어 있어요.

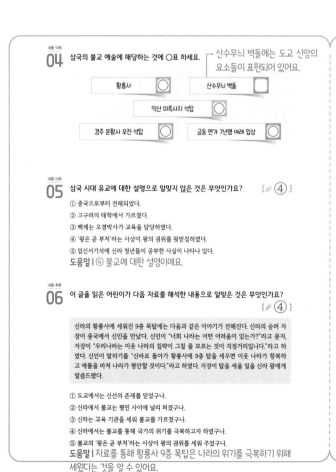

황룡사 ○   산수무늬 벽돌
익산 미륵사지 석탑 ○
경주 분황사 모전 석탑 ○   금동 연가 7년명 여래 입상 ○

내용 이해

05 삼국 시대 유교에 대한 설명으로 알맞지 않은 것은 무엇인가요? [✎ ④]

① 중국으로부터 전래되었다.
② 고구려의 태학에서 가르쳤다.
③ 백제는 오경박사가 교육을 담당하였다.
④ '왕은 곧 부처'라는 사상이 왕의 권위를 뒷받침하였다.
⑤ 임신서기석에 신라 청년들이 공부한 사실이 나타나 있다.
도움말 | ④ 불교에 대한 설명이에요.

내용 추론

06 이 글을 읽은 어린이가 다음 자료를 해석한 내용으로 알맞은 것은 무엇인가요?
[✎ ④]

신라의 황룡사에 세워진 9층 목탑에는 다음과 같은 이야기가 전해진다. 신라의 승려 자장이 중국에서 신인을 만났다. 신인이 "너희 나라는 어떤 어려움이 있는가?"라고 묻자, 자장이 "우리나라는 이웃 나라의 침략이 그칠 줄 모르는 것이 걱정거리입니다."라고 하였다. 신인이 말하기를 "신라로 돌아가 황룡사에 9층 탑을 세우면 이웃 나라가 항복하고 예물을 바쳐 나라가 평안할 것이다."라고 하였다. 자장이 탑을 세울 일을 신라 왕에게 말씀드렸다.

① 도교에서는 신선의 존재를 믿었구나.
② 신라에서 불교는 평민 사이에 널리 퍼졌구나.
③ 신라는 교육 기관을 세워 불교를 가르쳤구나.
④ 신라에서는 불교를 통해 국가의 위기를 극복하고자 하였구나.
⑤ 불교의 '왕은 곧 부처'라는 사상이 왕의 권위를 세워 주었구나.
도움말 | 자료를 통해 황룡사 9층 목탑은 나라의 위기를 극복하기 위해 세웠다는 것을 알 수 있어요.

----

01 다음 낱말의 뜻을 찾아 선으로 이으세요.

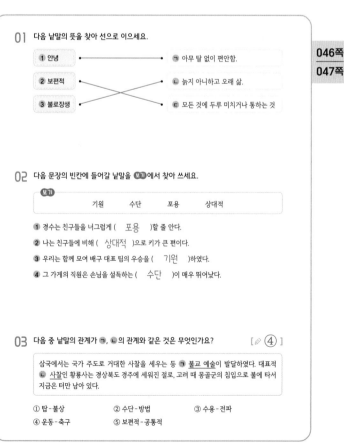

❶ 안녕 ────── ㉠ 아무 탈 없이 편안함.
❷ 보편적 ────── ㉡ 늙지 아니하고 오래 삶.
❸ 불로장생 ────── ㉢ 모든 것에 두루 미치거나 통하는 것

02 다음 문장의 빈칸에 들어갈 낱말을 **보기**에서 찾아 쓰세요.

보기			
기원	수단	포용	상대적

❶ 경수는 친구들을 너그럽게 (포용)할 줄 안다.
❷ 나는 친구들에 비해 (상대적)으로 키가 큰 편이다.
❸ 우리는 함께 모여 배구 대표 팀의 우승을 (기원)하였다.
❹ 그 가게의 직원은 손님을 설득하는 (수단)이 매우 뛰어났다.

03 다음 중 낱말의 관계가 ㉠, ㉡의 관계와 같은 것은 무엇인가요? [✎ ④]

삼국에서는 국가 주도로 거대한 사찰을 세우는 등 ㉠ 불교 예술이 발달하였다. 대표적 ㉡ 사찰인 황룡사는 경상북도 경주에 세워진 절로, 고려 때 몽골군의 침입으로 불에 타서 지금은 터만 남아 있다.

① 탑 - 불상
② 수단 - 방법
③ 수용 - 전파
④ 운동 - 축구
⑤ 보편적 - 공통적

044쪽
045쪽
046쪽
047쪽

11 삼국의 과학과 기술

글을 읽으면서 중요하다고 생각하는 낱말에 색칠해 보세요.

048쪽
049쪽

가 삼국 시대에는 일식, 혜성의 출현과 같은 °천문 현상을 °관측하는 천문학이 발달하였어요. 당시에는 천문 현상이 왕의 권위와 연결된다고 여겼고, 농경과 밀접한 관련이 있었기 때문이지요. 사람들은 해와 달의 모습, 별자리 등 하늘의 움직임을 관찰하여 농사지을 시기를 예측하고 나라의 중요한 일도 결정하였어요.

나 °천체를 관측하면서 고구려 사람들은 고분 속에 별자리를 그리기도 하고, 돌에 별자리를 새겨 넣은 천문도를 만들기도 하였어요. 이는 매우 사실적이고 정확한 관측을 토대로 그려졌지요. 고구려의 천문도는 전쟁을 겪으면서 사라졌으나, 약 700년 후 조선에서 고구려의 천문도를 °표본으로 삼아 천상열차분야지도라는 천문도를 만들기도 하였답니다.

다 신라에서는 천체를 관측하는 첨성대를 만들었어요. 첨성대에는 신라인들의 °역법 지식을 엿볼 수 있는 숫자들이 있어요. 첨성대를 만든 돌의 숫자는 360개 안팎으로 일 년의 날 수와 비슷해요. 또한 첨성대 층의 수는 가운데 창문을 기준으로 위와 아래가 각 12단으로 이루어져 있는데, 이는 1년 12달과 24°절기와 같지요. 신라 사람들은 천문 담당 부서와 관리를 두고 하늘을 연구하게도 하였어요.

라 한편, 삼국에서는 금속 °공예 기술이 발달하였어요. 고구려에서는 철광석이 풍부하게 생산되어 일찍이 철을 다루는 기술이 발달하였어요. 고구려 지역에서 °출토된 철제 무기와 도구 등은 그 품질이 우수하며, 고분 벽화에는 철을 단련하고 철로 물건을 만드는 기술자의 모습이 그려져 있기도 해요. 백제에서 만들어 일본에 보낸 '칠지도'는 철로 만든 칼에 금으로 글씨를 새겨 넣은 것으로, 백제 공예 기술의 우수함을 잘 보여 주어요. 백제 금동 대향로를 통해서도 백제의 수준 높은 금속 공예 기술을 엿볼 수 있지요. 신라에서는 특히 금을 °세공하는 기술이 발달하였는데, 금을 얇게 펴고 모양을 만들거나 구멍을 뚫어 금관이나 금 장식품을 만들었답니다.

중심 낱말 찾기

01 각 문단의 중심 낱말을 찾아 쓰세요.

가 문단: 삼국에서 천 문 학 이 발달한 배경
나 문단: 고 구 려 의 천문학 발달
다 문단: 신 라 의 천문학 발달
라 문단: 삼국의 금 속 공 예 기술 발달

내용 이해

02 삼국에서 천문학이 발달한 까닭으로 알맞은 것을 두 가지 고르세요. [① . ②]

① 농사짓는 데 도움이 되었기 때문에
② 왕의 권위와 관련 있다고 생각하였기 때문에
③ 지방 세력을 포용하는 기반이 되었기 때문에
④ 백성의 사상을 통합하는 데 필요하였기 때문에
⑤ 모두가 보편적으로 믿을 수 있는 사상이 필요하였기 때문에

내용 이해

03 각 나라의 과학 기술 발달에 대한 설명으로 알맞은 것은 무엇인가요? [②]

① 백제: 첨성대에서 천체를 관측하였다. → 신라
② 고구려: 천체를 관측하여 천문도를 만들었다.
③ 신라: 고분의 벽에 별자리 그림을 그려 넣었다. → 고구려
④ 고구려: 금을 얇게 펴고 모양을 내어 금관을 만들었다. → 신라
⑤ 신라: 철로 만든 칼에 금으로 글씨를 새겨 칠지도를 만들었다. → 백제

---

① **천문**: 우주와 천체의 현상과 그 안에 들어 있는 법칙성
② **관측**: 자연 현상을 관찰하여 측정하는 일
③ **천체**: 별, 행성, 달, 소행성 등과 같이 우주에 존재하는 뭉쳐 있는 물질 덩어리
④ **표본**: 본보기로 삼을 만한 것
⑤ **역법**: 천체의 움직임을 살펴 시간과 날짜를 구분하는 방법
⑥ **절기**: 1년을 24로 나눈, 계절의 표준이 되는 것
⑦ **공예**: 물건을 만드는 기술에 관한 재주
⑧ **출토**: 땅속에 묻혀 있던 물건이 밖으로 나옴.
⑨ **세공**: 잔손을 많이 들여 정밀하게 만듦.

050쪽
051쪽

내용 이해

04 다음 문화유산이 만들어진 나라를 이 글에서 찾아 쓰세요.

① 첨성대 → 신라
② 칠지도 → 백제
③ 백제 금동 대향로 → 백제

내용 이해

05 이 글을 읽은 학생이 다음을 주제로 발표를 할 때 그 내용으로 알맞지 않은 것은 무엇인가요? [③]

고구려의 과학과 기술

① 고분 벽화에 나타난 별자리
② 천문학의 발달과 왕권의 관계
③ 금관 제작에 사용된 금 세공 기술
④ 고분 벽화를 통해 본 금속 공예 기술의 발달
⑤ 천상열차분야지도를 통해 유추한 천문도의 모습

도움말 | ③은 신라의 금속 공예 기술 발달과 관련이 있어요.

내용 추론

06 이 글을 통해 답을 추론할 수 있는 질문으로 알맞지 않은 것은 무엇인가요? [②]

① 신라에 첨성대를 만든 까닭은 무엇인가요?
② 백제의 천체 관측 기구는 어떤 것들이 있나요?
③ 신라에 발달한 금속 공예 기술은 무엇인가요?
④ 천문 현상은 삼국의 농사에 어떤 영향을 미쳤나요?
⑤ 천상열차분야지도의 토대가 된 천문도는 무엇인가요?

도움말 | ② 이 글에서는 백제에서 천체를 관측한 사실은 언급하고 있지 않아요.

01 다음 뜻을 나타내는 낱말에 ○표 하세요.

① 물건을 만드는 기술에 관한 재주 [공예 / 단련]
② 1년을 24로 나눈, 계절의 표준이 되는 것 [달 / 절기]
③ 별, 행성, 달, 소행성 등과 같이 우주에 존재하는 뭉쳐 있는 물질 덩어리 [천문 / 천체]

02 다음 밑줄 친 낱말의 뜻을 보기에서 찾아 기호를 쓰세요.

보기
㉠ 미리 헤아려 짐작함.
㉡ 잔손을 많이 들여 정밀하게 만듦.
㉢ 자연 현상을 관찰하여 측정하는 일
㉣ 땅속에 묻혀 있던 물건이 밖으로 나옴.

① 그의 행동은 예측하기가 어렵다. (㉠)
② 어떤 혜성은 망원경 없이 관측되기도 한다. (㉢)
③ 그 가게는 유리 세공을 중점적으로 하는 곳이다. (㉡)
④ 옛 신라의 수도가 있던 지역에서 신라 금관이 출토되었다. (㉣)

03 다음 글에서 밑줄 친 낱말과 바꾸어 쓸 수 있는 낱말은 무엇인가요? [⑤]

그는 뛰어난 전략으로 빠른 시간에 회사를 국내 10위 안에 드는 기업으로 성장시켰다. 많은 기업인들이 그를 성공의 본보기로 삼고, 그의 기업 운영 기술을 자신의 기업에 도입하고 있다.

① 경계 ② 권위 ③ 발판 ④ 천체 ⑤ 표본

12 삼국의 고분 문화

글을 읽으면서 중요하다고 생각하는 낱말에 색칠해 보세요.

가 삼국 시대에는 나라와 시기에 따라 다른 °고분을 만들었어요. 사람들은 죽고 난 후에도 살아 있을 때 누리던 삶이 이어진다고 생각하였기 때문에 무덤에 벽화를 그려 넣거나 °껴묻거리를 묻었어요. 이러한 벽화와 껴묻거리를 통해 당시의 생활 모습을 °유추해 볼 수 있답니다.

나 고구려는 초기에 주로 돌무지무덤을 만들다가 점차 굴식 돌방무덤으로 바뀌어 갔어요. 돌무지무덤은 직사각형의 돌로 테두리를 쌓고, 그 속에 막돌을 채운 뒤 무덤 주위에 둘레돌을 세우고 °널방을 갖춘 형태로, 고구려의 장군총이 대표적이에요.

다 굴식 돌방무덤은 돌로 널방을 만들어 통로를 연결한 후 그 위에 흙을 덮은 형태로, 널방의 벽과 천장에 벽화를 그리기도 하였어요. 고분 벽화는 초기에 주로 무덤 주인의 생활을 표현한 그림이 많았고, 후기로 갈수록 사신도 같은 상징적인 그림을 많이 그렸어요.

라 백제는 한성 시기에 계단식 돌무지무덤을 만들었어요. 이 중 서울 석촌동에 남아 있는 무덤이 고구려의 돌무지무덤과 유사하여 백제 건국의 주도 세력이 고구려와 같은 °계통이었음을 짐작하게 해요. 웅진 시기에는 굴식 돌방무덤이나 벽돌무덤을 만들었어요. 벽돌무덤은 중국 남조의 영향을 받은 것으로, 무령왕릉이 대표적이에요. 사비 시기에는 굴식 돌방무덤을 주로 만들었어요. 백제 사람들은 굴식 돌방무덤과 벽돌무덤에 사신도와 같은 그림을 그려 넣기도 하였답니다.

마 신라는 돌무지덧널무덤을 많이 만들었어요. 이 무덤은 신라에서만 보이는 독특한 형태로, 신라는 지리적으로 외부와의 교류가 어려워 토착 문화가 발달하였던 것으로 보여요. 돌무지덧널무덤은 나무 덧널 위에 돌을 쌓은 뒤 흙으로 덮은 형태로, 벽화가 없고 °도굴이 어려워 많은 껴묻거리가 보존되었지요. 6세기 말 이후 신라에서는 굴식 돌방무덤이 많이 만들어졌어요.

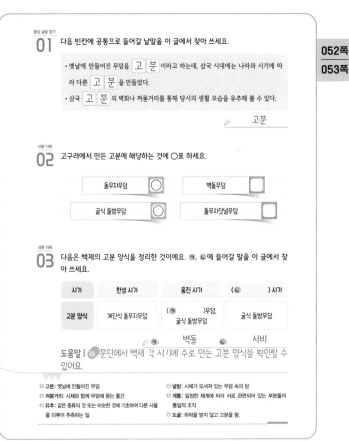

중심 낱말 찾기
01 다음 빈칸에 공통으로 들어갈 낱말을 이 글에서 찾아 쓰세요.

- 옛날에 만들어진 무덤을 **고분** 이라고 하는데, 삼국 시대에는 나라와 시기에 따라 다른 **고분** 을 만들었다.
- 삼국 **고분** 의 벽화나 껴묻거리를 통해 당시의 생활 모습을 유추해 볼 수 있다.

✏ 고분

내용 이해
02 고구려에서 만든 고분에 해당하는 것에 ○표 하세요.

| 돌무지무덤 | ○ | 벽돌무덤 | □ |
| 굴식 돌방무덤 | ○ | 돌무지덧널무덤 | □ |

내용 이해
03 다음은 백제의 고분 양식을 정리한 것이에요. ㉠, ㉡에 들어갈 말을 이 글에서 찾아 쓰세요.

시기	한성 시기	웅진 시기	(㉡) 시기
고분 양식	계단식 돌무지무덤	(㉠)무덤, 굴식 돌방무덤	굴식 돌방무덤

✏ ㉠: 벽돌 ㉡: 사비

도움말 | 라 문단에서 백제 각 시기에 주로 만든 고분 양식을 확인할 수 있어요.

❶ 고분: 옛날에 만들어진 무덤
❷ 껴묻거리: 시체와 함께 무덤에 묻는 물건
❸ 유추: 같은 종류의 것 또는 비슷한 것에 기초하여 다른 사물을 미루어 추측하는 일
❹ 널방: 시체가 모셔져 있는 무덤 속의 방
❺ 계통: 일정한 체계에 따라 서로 관련되어 있는 부분들의 통일적 조직
❻ 도굴: 허락을 받지 않고 고분을 팜.

내용 이해
04 다음 내용이 맞으면 ○, 틀리면 ×에 표시하세요.

❶ 벽돌무덤은 신라에서만 만들어졌다. [○ / ⊗] → 벽돌무덤은 백제에서 만들어졌어요.
❷ 굴식 돌방무덤은 고구려, 백제, 신라 삼국에서 모두 만들어졌다. [⊙ / ×]

내용 이해
05 다음에서 설명하는 고분 양식을 이 글에서 찾아 쓰세요.

- 신라에서 토착 문화가 발달하였음을 보여 준다.
- 도굴이 어려운 구조에서 많은 껴묻거리가 보존되었다.

✏ 돌무지덧널무덤

내용 추론
06 다음 백제의 고분을 통해 짐작할 수 있는 내용을 선으로 이으세요.

고분 양식		짐작할 수 있는 내용
❶ 벽돌무덤	—	㉠ 백제는 중국 남조와 교류하였다.
❷ 계단식 돌무지무덤	—	㉡ 백제 건국의 주도 세력이 고구려와 같은 계통이었다.

도움말 | 백제 벽돌무덤은 중국 남조의 영향을 받은 것이에요. 계단식 돌무지무덤은 고구려 무덤 양식과 유사하여 백제 건국의 주도 세력이 고구려와 같은 계통이었음을 짐작하게 해요.

내용 추론
07 (가), (나)와 같은 구조를 가진 고분은 무엇인지 이 글에서 찾아 쓰세요.

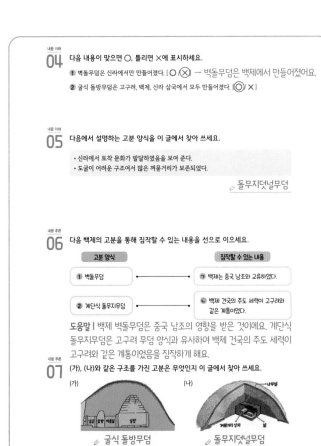

(가) ✏ 굴식 돌방무덤 (나) ✏ 돌무지덧널무덤

도움말 | (가)는 돌로 널방을 만들어 통로를 연결한 후 그 위에 흙을 덮은 무덤으로 굴식 돌방무덤이에요. (나)는 나무 덧널 위에 돌을 쌓은 뒤 흙으로 덮고, 껴묻거리가 보존된 무덤으로 돌무지덧널무덤이에요.

---

01 다음 낱말의 뜻을 찾아 선으로 이으세요.

1 계통		㉠ 허락을 받지 않고 고분을 팜.
2 도굴		㉡ 시체와 함께 무덤에 묻는 물건
3 껴묻거리		㉢ 일정한 체계에 따라 서로 관련되어 있는 부분들의 통일적 조직

02 다음 빈칸에 들어갈 낱말을 오른쪽 상자에서 찾아 쓰세요.

❶ 교복 상의에는 우리 학교를 **상징** 하는 배지가 달려 있다. *추상적인 개념이나 사물을 구체적인 사물로 나타냄.

❷ 두 사람은 외모가 **유사** 하여 사람들에게 형제로 오해받기도 한다. *서로 비슷함.

❸ 신라 금관을 통해 신라에서 금 세공 기술이 발달하였음을 **유추** 할 수 있다. *같은 종류의 것이나 비슷한 것에 기초하여 다른 사물을 미루어 추측하는 일

개	조	족	권
세	유	추	력
라	사	국	가
합	상	장	인
계	징	분	석

03 다음 ㉠~㉣을 모두 포함할 수 있는 낱말로 알맞은 것은 무엇인가요? [✏ ①]

삼국 시대에는 돌을 쌓아 만든 ㉠ 돌무지무덤, 널방과 흙 봉분을 만든 ㉡ 굴식 돌방무덤, 벽돌을 쌓아 올린 ㉢ 벽돌무덤, 나무 덧널 위에 돌을 쌓은 뒤 흙 봉분을 만든 ㉣ 돌무지덧널무덤을 만들었다.

① 고분 ② 궁궐 ③ 널방 ④ 사찰 ⑤ 성곽

13 삼국과 가야의 대외 교류

글을 읽으면서 중요하다고 생각하는 낱말에 색칠해 보세요.

㉮ 고구려, 백제, 신라는 중국과 교류하며 문화를 발전시켰어요. 고구려는 지리적으로 가까운 중국 북조의 문화를 받아들였고, 바다를 통해 남조와도 교류하였어요. 왕산악은 중국의 악기를 ❶개조하여 거문고를 만들었고, 중국의 궁중에서는 고구려의 음악과 무용을 연회에 사용하기도 하였지요. 백제도 중국과 활발히 교류하여 중국 동진과 남조 ❷계통의 유물이 옛 백제 지역에서 많이 발견되었어요. 한편, 신라는 초기에 고구려와 백제를 통해 중국의 문화를 수용하다가 한강 유역을 차지한 후 중국과 직접 교류하게 되었어요.

㉯ 삼국은 ❸서역의 여러 나라와도 교류를 하였어요. 고구려의 고분 벽화에는 서역 계통의 인물이 등장하고, 서역의 궁전 벽화인 아프라시아브 궁전 벽화에 고구려 사신으로 ❹추정되는 사람이 발견되기도 하였어요. 신라에서는 서역의 것으로 보이는 유리 제품, 금제 장식 보검 등이 발견되어 신라와 서역의 교류를 짐작하게 해요.

㉰ 삼국은 일본에 문화를 ❺전파하여 일본의 고대 문화 발전에 큰 영향을 끼쳤어요. 삼국 가운데 일본과 가장 활발하게 교류한 나라는 백제예요. 백제는 일본에 불교를 전하였으며, 백제의 아직기와 왕인은 일본에 한문과 논어 등의 학문을 전해 주었어요. 고구려의 담징은 일본에 종이와 먹의 ❻제조 방법을 전하고 일본의 불교와 미술에도 영향을 주었지요. 그리고 신라는 일본에 배 만드는 기술과 둑 쌓는 기술을 전해 준답니다.

㉱ 삼국이 일본에 문화를 전파한 사실은 여러 문화유산을 통해 알 수 있어요. 일본의 다카마쓰 고분 벽화는 고구려의 수산리 고분 벽화와 비슷하여 고구려의 영향을 받은 것으로 보여요. 일본의 불상인 목조 미륵보살 반가 사유상은 삼국의 금동 미륵보살 반가 사유상과 유사한 형태여서 삼국 문화가 일본 문화에 영향을 주었음을 보여 준답니다.

중심 낱말 찾기

01 각 문단의 중심 낱말을 찾아 쓰세요.

㉮ 문단: 삼국과 **중국** 의 문화 교류
㉯ 문단: 삼국과 **서역** 의 문화 교류
㉰ 문단: 삼국 문화의 **일본** 전파
㉱ 문단: 삼국 문화의 **일본** 전파를 보여 주는 문화유산

내용 이해

02 이 글의 내용과 일치하지 <u>않는</u> 것은 무엇인가요? [✏️ ③]

① 백제는 일본에 불교를 전하였다.
② 고구려, 백제, 신라는 중국과 교류하였다.
③ 신라는 초기부터 중국과 직접 교류하였다.
④ 옛 백제 지역에서 중국 남조 계통의 유물이 발견되었다.
⑤ 중국의 궁중 연회에 고구려의 음악과 무용이 사용되었다.

도움말 | ③ 신라는 초기에 고구려와 백제를 통해 중국 문화를 수용하다가 한강 유역을 차지한 후 중국과 직접 교류하게 되었어요.

내용 이해

03 다음 인물과 그의 활동을 선으로 이으세요.

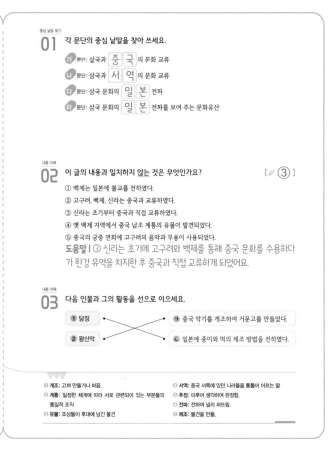

1 담징 ─── ㉠ 중국 악기를 개조하여 거문고를 만들었다.
2 왕산악 ─── ㉡ 일본에 종이와 먹의 제조 방법을 전하였다.

---

❶ 개조: 고쳐 만들거나 바꿈.
❷ 계통: 일정한 체계에 따라 서로 관련되어 있는 부분들의 통일적 조직
❸ 유물: 조상들이 후대에 남긴 물건
❸ 서역: 중국 서쪽에 있던 나라들을 통틀어 이르는 말
❹ 추정: 미루어 생각하여 판정함.
❺ 전파: 전하여 널리 퍼뜨림.
❻ 제조: 물건을 만듦.

내용 이해

04 이 글의 내용과 일치하도록 괄호 안의 낱말 중 알맞은 것에 ○표 하세요.

① 신라는 [(한강) / 낙동강] 유역을 차지한 후 중국과 직접 교류하였다.
② 삼국 가운데 일본과 가장 활발하게 교류한 나라는 [(백제) / 고구려]이다.
③ [(신라) / 고구려]는 일본에 배 만드는 기술과 둑 쌓는 기술을 전해 주었다.
④ 금제 장식 보검, 아프라시아브 궁전 벽화는 삼국이 [(서역) / 중국]과 교류한 사실을 보여 준다.

내용 이해

05 다음 과제를 바르게 수행한 어린이는 누구인지 쓰세요.

과제 | 왕인과 아직기의 활동 조사하기

 경수 | 일본에 종이와 먹의 제조 방법을 전하였어요. → 담징의 활동
 상호 | 일본에 한문과 논어 등의 학문을 전해 주었어요.
지혜 | 중국의 악기를 개조하여 거문고를 만들었어요. → 왕산악의 활동

✏️ 상호

내용 추론

06 다음 문화유산을 통해 알 수 있는 사실을 쓰세요.

▲ 삼국의 금동 미륵보살 반가 사유상　▲ 일본의 고류사 목조 미륵보살 반가 사유상

✏️ 삼국의 문화가 일본에 전파되었다.

도움말 | 일본의 고류사 목조 미륵보살 반가 사유상은 삼국 문화의 영향을 받았음을 보여 주는 대표적인 문화유산이에요.

---

01 다음 낱말의 뜻을 찾아 선으로 이으세요.

1 서역 ─── ㉠ 물건을 만듦.
2 유물 ─── ㉡ 조상들이 후대에 남긴 물건
3 제조 ─── ㉢ 중국 서쪽에 있던 나라들을 통틀어 이르는 말

02 다음 문장의 빈칸에 들어갈 낱말을 **보기**에서 찾아 쓰세요.

보기
개조　　전파　　추정　　지리적

① 우리 가족은 현대식으로 (개조)된 집에서 살게 되었다.
② 우리의 우수한 문화를 세계에 (전파)하려는 노력이 필요하다.
③ 지구상에 인류가 나타난 시기는 뼈 화석을 통해 (추정)할 수 있다.
④ 백제는 한강 유역에 건국되어 중국과 교류하는 데 (지리적) 이점이 있었다.

03 다음 ㉠~㉤ 중 낱말의 쓰임새가 알맞지 않은 것은 무엇인가요? [✏️ ②]

삼국 시대에는 농업 생산력 향상을 위해 국가의 ㉠ 주도로 농사 방법을 ㉡ 제조하였다. 농민들에게 소를 이용한 농사 방법을 ㉢ 전파하였고, 황무지 개간을 ㉣ 장려하여 경작지를 확대하였으며, 저수지를 만들거나 수리하여 가뭄에 ㉤ 대비하였다.

① ㉠　　② ㉡　　③ ㉢　　④ ㉣　　⑤ ㉤

14 수·당의 고구려 침입과 격퇴

글을 읽으면서 중요하다고 생각하는 낱말에 색칠해 보세요.

㉮ 6세기 중반 수나라는 혼란하였던 중국을 통일하였어요. 이후 수나라는 세력을 넓히며 고구려를 차지하려는 °야심을 드러냈지요. 이를 알아챈 고구려는 무기를 수리하는 등 수나라와의 전쟁에 대비하기 시작하였어요.

㉯ 수나라는 113만 명이 넘는 군사를 이끌고 고구려를 침략하였어요. 그러나 고구려의 강력한 저항에 막히자, 수나라의 장군 우중문은 30만의 별동대를 이끌고 평양성을 공격하였지요. 이에 맞선 고구려의 장군이 을지문덕이에요. 을지문덕은 수나라의 군대가 오랜 이동과 굶주림으로 지친 것을 알고 도망치는 척하면서 수나라의 군대를 평양성 쪽으로 °유인하여 적의 힘을 뺐어요. 그리고 을지문덕은 수나라의 장군 우중문에게 철수를 요구하는 시를 썼지요. 그제야 우중문은 자신들이 적이 있는 곳에 깊숙이 들어왔다는 것을 깨닫고 급하게 후퇴하였어요. 고구려군은 후퇴하는 수나라의 군대가 살수(지금의 청천강)를 반쯤 건넜을 때 총공격하여 수나라의 군대를 거의 °전멸시켰어요. 이 전쟁이 612년에 일어난 살수 대첩이에요.

㉰ 당나라는 건국 초기에는 고구려에 우호적인 태도를 보였어요. 그러나 당에서 태종이 즉위한 뒤에는 주변 세력을 정복하며 고구려를 °압박하였어요. 이에 고구려는 국경 지역에 연개소문을 파견하여 천리장성을 쌓고 군사력을 기르며 당의 침입에 대비하였답니다.

㉱ 이 무렵 고구려의 연개소문이 °정변을 일으켜 영류왕을 죽이고 권력을 장악하였어요. 당나라의 태종은 연개소문이 정권을 부정하게 차지하였다는 이유를 핑계 삼아 고구려를 침공하였지요. 당나라는 고구려의 요동성과 백암성을 함락하고 안시성을 °포위하였어요. 당군은 몇 달 동안 안시성을 공격하였지만, 안시성의 백성들이 °결사적으로 저항하여 당나라의 공격을 물리쳤어요. 이를 안시성 싸움이라고 해요. 그 뒤에도 당나라는 고구려를 침략하였으나 고구려는 이를 물리쳤답니다.

중심 낱말 찾기
01 각 문단의 중심 낱말을 찾아 쓰세요.

㉮문단: **수** 나라의 중국 통일과 야심
㉯문단: 수나라의 고구려 침략과 **살 수 대 첩**
㉰문단: **당** 나라 건국 초기 고구려와의 관계
㉱문단: 당나라의 고구려 침략과 **안 시 성** 싸움

내용 이해
02 이 글의 내용과 일치하도록 괄호 안의 낱말 중 알맞은 것에 ○표 하세요.
① 고구려의 [연개소문 / (을지문덕)]은 살수 대첩을 승리로 이끌었다.
② [(당나라) / 수나라]는 고구려를 침공하여 요동성과 백암성을 함락하고 안시성을 포위하였다.

내용 이해
03 다음 사건이 일어난 순서에 맞게 번호를 쓰세요.

4	2	3	1
안시성 싸움에서 고구려군이 당나라 군대를 격퇴하였다.	고구려 군대가 살수 대첩으로 수나라 군대를 격퇴하였다.	당나라에서 태종이 즉위한 이후 고구려는 천리장성을 쌓았다.	수나라가 113만 명이 넘는 군사를 이끌고 고구려를 침략하였다.

° 야심: 무엇을 이루어 보겠다고 마음속에 품고 있는 욕망이나 소망
° 유인: 주의나 흥미를 일으켜 꾀어냄.
° 전멸: 모조리 죽거나 망하거나 하여 없어짐.
° 압박: 기운을 못 펴게 세력으로 내리누름.
° 정변: 비합법적인 수단으로 생긴 정치상의 큰 변동.
° 포위: 주위를 에워쌈.
° 결사: 죽기를 각오하고 있는 힘을 다할 것을 결심함.

내용 이해
04 이 글의 내용과 일치하는 것은 무엇인가요? [✐ ②]
① 연개소문은 살수에서 수군을 거의 전멸시켰다. → 을지문덕
② 안시성의 백성들이 당나라의 공격을 물리쳤다.
③ 당나라는 국경 지역에 천리장성을 쌓으며 전쟁을 준비하였다. → 고구려
④ 당나라는 우중문에 별동대를 이끌고 고구려를 공격하게 하였다. → 수나라
⑤ 당나라는 태종이 즉위한 뒤부터 고구려에 우호적인 태도를 보였다.
└ 고구려를 압박하였다.

내용 추론
05 ㉮~㉱ 문단 중 다음 자료와 관련된 문단의 기호를 쓰세요.

> 그대의 신기한 작전은 하늘의 이치를 알았고
> 오묘한 계획은 땅의 이치를 깨달았구려.
> 전쟁에서 이겨서 그 공이 이미 크니
> 만족할 줄 알고 전쟁을 멈추는 것이 어떻겠소.
> – 을지문덕이 우중문에게 보낸 시

✐ **㉯** 문단

도움말 | 제시된 자료는 을지문덕이 우중문에게 철수를 요구하며 쓴 시이므로, ㉯문단과 관련이 있어요.

내용 추론
06 이 글을 읽은 어린이가 다음 자료를 해석한 내용으로 알맞은 것은 무엇인가요? [✐ ②]

> 고구려가 위치한 지역에는 산이 많았다. 고구려는 산의 험난한 지형을 이용하여 성을 쌓았다. 성은 돌출된 형태를 만들어 성벽을 올라오는 적을 옆에서도 공격할 수 있게 하였다. 백성들은 전쟁이 일어나면 농작물과 우물을 없애 적이 이용할 수 없게 하였고, 곡식과 무기를 갖춘 산성으로 들어가 오랜 기간 항전하였다.

① 고구려는 한강을 이용하여 외적을 물리쳤구나.
② 고구려는 성을 지어 외적의 침입을 막고자 하였구나.
③ 고구려는 중국 중심의 국제 질서에 들어가게 되었구나.
④ 고구려가 외적을 물리치는 데 백성은 큰 역할을 하지 못하였구나.
⑤ 고구려는 백제, 신라와 힘을 합쳐 수나라와 당나라의 군대를 물리쳤구나.

도움말 | 제시된 자료는 고구려 성의 우수함을 설명하고 있으므로, 고구려가 외적의 침입을 물리치는 데 성이 큰 역할을 하였음을 짐작할 수 있어요.

중심 낱말 찾기
01 다음 뜻을 나타내는 낱말에 ○표 하세요
① 주의나 흥미를 일으켜 꾀어냄. [배척 / (유인)]
② 비합법적인 수단으로 생긴 정치상의 큰 변동 [개혁 / (정변)]
③ 죽기를 각오하고 있는 힘을 다할 것을 결심함. [(결사) / 저항]
④ 무엇을 이루어 보겠다고 마음속에 품고 있는 욕망이나 소망 [선심 / (야심)]

02 다음 빈칸에 들어갈 낱말을 오른쪽 상자에서 찾아 쓰세요.
① 그 사람이 경찰의 **포 위** 을/를 뚫고 도망쳐 사건이 미궁에 빠졌다. ° 주위를 에워쌈.
② 기업의 임원들은 해외 매장을 모두 **철 수** 시키는 문제를 의논하였다. ° 진출하였던 곳에서 시설이나 장비 따위를 거두어 가지고 물러남.
③ 한산도 대첩에서 이순신 장군이 펼친 학익진 전법으로 왜군이 **전 멸** 하였다. ° 모조리 죽거나 망하거나 하여 없어짐.

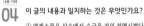

개	간	(철)	(수)
(전)	(명)	추	력
유	사	저	항
인	상	(포)	대
계	징	(위)	비

03 다음 글에서 밑줄 친 낱말과 바꾸어 쓸 수 있는 낱말은 무엇인가요? [✐ ②]

> 한국과 터키의 축구 대표 팀은 두 나라의 친선을 도모하기 위해 매년 축구 경기를 개최하기로 결정하였다. 그 첫 번째 경기는 올해 5월 한국에서 먼저 열릴 예정이다.

① 결사 ② 우호 ③ 유인 ④ 적대 ⑤ 혈연

064쪽
065쪽

글을 읽으면서 중요하다고 생각하는 낱말에 색칠해 보세요.

가 한강 유역을 차지한 후 신라는 백제의 연이은 공격으로 어려움을 겪었어요. 위기에 처한 신라는 김춘추를 고구려에 보내 도움을 요청하였으나 거절당하였어요. 이에 김춘추는 당나라로 건너가 °동맹을 제안하였어요. 당시 고구려 침략에 °거듭 실패한 당나라는 신라의 제안을 받아들여 나당 동맹을 맺었지요. 이후 김춘추는 세력을 키워 왕(태종 무열왕)이 된 뒤 전쟁을 준비하였어요.

나 신라는 먼저 백제를 공격하였어요. 이 무렵 백제는 지배 세력이 °분열되어 있었기 때문에 신라의 공격에 적극적으로 대처하지 못하였지요. 김유신이 이끄는 신라군은 황산벌에서 계백이 이끄는 백제군과 싸워 승리하고 당군과 연합하였어요. 결국 나당 연합군이 660년 백제의 수도 사비성을 함락하여 백제가 멸망하였어요.

다 백제가 멸망한 후 나당 연합군은 고구려를 공격하였어요. 고구려는 연개소문을 중심으로 이를 물리쳤으나 국력이 크게 약화되었어요. 게다가 연개소문이 죽자, 세 아들이 권력 다툼을 벌여 정치가 혼란하였어요. 이를 틈타 나당 연합군은 고구려의 여러 성을 빼앗고 수도 평양성을 함락하여 668년 고구려를 멸망시켰어요.

라 당나라는 곧 한반도 전체를 지배하려는 야심을 드러냈어요. 이에 신라의 문무왕은 당나라를 몰아내기 위한 전쟁을 벌였지요. 이 전쟁에는 백제와 고구려의 °유민도 참여하여 당에 맞서 싸웠어요. 신라는 매소성 전투, 기벌포 전투에서 당나라에 크게 승리하였고, 676년 당나라를 물리치고 삼국 °통일을 완성하였답니다.

마 신라가 이룩한 삼국 통일은 °외세인 당나라의 힘을 빌렸고, 옛 고구려의 영토를 모두 차지하지 못하였다는 °한계가 있어요. 그러나 한반도에 있는 여러 나라가 처음으로 통일되었고, 고구려, 백제 유민과 힘을 합쳐 당나라의 세력을 한반도에서 몰아냈으며, 삼국의 문화가 융합하여 새로운 민족 문화가 발전하는 토대가 되었다는 점에서 °의의가 있답니다.

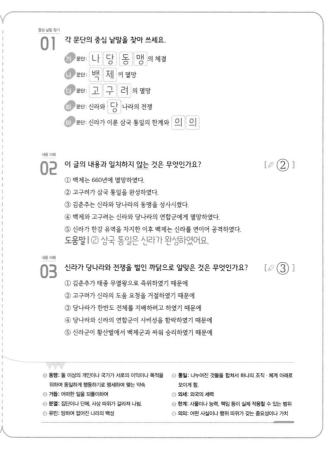

01 각 문단의 중심 낱말을 찾아 쓰세요.

가 문단: 나 당 동 맹 의 체결
나 문단: 백 제 의 멸망
다 문단: 고 구 려 의 멸망
라 문단: 신라와 당 나라의 전쟁
마 문단: 신라가 이룬 삼국 통일의 한계와 의 의

02 이 글의 내용과 일치하지 않는 것은 무엇인가요? [✎ ②]

① 백제는 660년에 멸망하였다.
② 고구려가 삼국 통일을 완성하였다.
③ 김춘추는 신라와 당나라의 동맹을 성사시켰다.
④ 백제와 고구려는 신라와 당나라의 연합군에게 멸망하였다.
⑤ 신라가 한강 유역을 차지한 이후 백제는 신라를 연이어 공격하였다.

도움말 | ② 삼국 통일은 신라가 완성하였어요.

03 신라가 당나라와 전쟁을 벌인 까닭으로 알맞은 것은 무엇인가요? [✎ ③]

① 김춘추가 태종 무열왕으로 즉위하였기 때문에
② 고구려가 신라의 도움 요청을 거절하였기 때문에
③ 당나라가 한반도 전체를 지배하려고 하였기 때문에
④ 당나라와 신라의 연합군이 사비성을 함락하였기 때문에
⑤ 신라군이 황산벌에서 백제군과 싸워 승리하였기 때문에

① **동맹**: 둘 이상의 개인이나 국가가 서로의 이익이나 목적을 위하여 동일하게 행동하기로 맹세하여 맺는 약속
② **거듭**: 어떠한 일을 되풀이하여
③ **분열**: 집단이나 단체, 사상 따위가 갈라져 나뉨.
④ **유민**: 망하여 없어진 나라의 백성
⑤ **통일**: 나누어진 것들을 합쳐서 하나의 조직·체계 아래로 모이게 함.
⑥ **외세**: 외국의 세력
⑦ **한계**: 사물이나 능력, 책임 등이 실제 작용할 수 있는 범위
⑧ **의의**: 어떤 사실이나 행위 따위가 갖는 중요성이나 가치

066쪽
067쪽

04 백제가 멸망하는 과정에서 있던 일을 순서에 맞게 번호를 쓰세요.

③ 나당 연합군이 사비성을 함락하였다.
② 계백의 백제군이 황산벌에서 신라군에게 패배하였다.
① 백제가 지배층의 분열로 혼란하였다.

05 (가)에 들어갈 내용으로 알맞은 것은 무엇인가요? [✎ ①]

신라의 삼국 통일 과정 → 나당 동맹 성립 → (가) → 고구려의 멸망 → 신라와 당나라의 전쟁 → 신라의 삼국 통일

① 백제의 멸망
② 기벌포 전투 발발
③ 매소성 전투 발발
④ 고구려에 김춘추 파견
⑤ 신라의 한강 유역 차지

도움말 | 나당 동맹은 백제를 멸망시킨 후 고구려를 멸망시켰어요. 기벌포 전투와 매소성 전투는 고구려 멸망 이후에 발발하였고, 신라의 한강 유역 차지와 고구려에 김춘추 파견은 나당 동맹 성립 이전에 이루어졌어요.

06 이 글을 토대로 다음 자료에서 신라의 삼국 통일을 ⓐ과 같이 평가하는 까닭을 쓰세요.

신라의 삼국 통일은 외세의 힘을 빌렸다는 비판을 받지만, ⓐ자주 의식을 보였다는 평가를 받기도 한다. '자주'란 남의 보호나 간섭을 받지 아니하고 자기 일을 스스로 처리한다는 의미이다.

✎ 신라가 고구려, 백제 유민과 힘을 합쳐 당의 세력을 한반도에서 몰아냈기 때문이다.

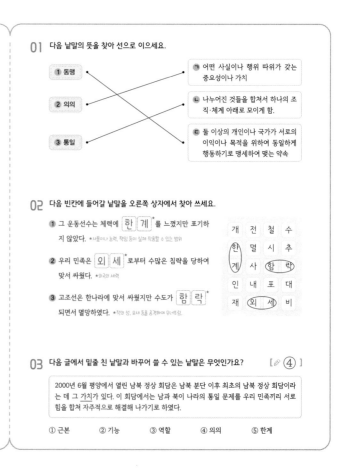

01 다음 낱말의 뜻을 찾아 선으로 이으세요.

1 동맹 — ⓒ 둘 이상의 개인이나 국가가 서로의 이익이나 목적을 위하여 동일하게 행동하기로 맹세하여 맺는 약속
2 의의 — ㉠ 어떤 사실이나 행위 따위가 갖는 중요성이나 가치
3 통일 — ㉡ 나누어진 것들을 합쳐서 하나의 조직·체계 아래로 모이게 함.

02 다음 빈칸에 들어갈 낱말을 오른쪽 상자에서 찾아 쓰세요.

1 그 운동선수는 체력에 한 계 를 느꼈지만 포기하지 않았다. *사물이나 능력, 책임 등이 실제 작용할 수 있는 범위

2 우리 민족은 외 세 로부터 수많은 침략을 당하여 맞서 싸웠다. *외국의 세력

3 고조선은 한나라에 맞서 싸웠지만 수도가 함 락 되면서 멸망하였다. *적의 성, 요새 등을 공격하여 빼앗음.

개	전	철	수
한	멸	시	추
계	사	함	락
인	내	포	대
재	외	세	비

03 다음 글에서 밑줄 친 낱말과 바꾸어 쓸 수 있는 낱말은 무엇인가요? [✎ ④]

2000년 6월 평양에서 열린 남북 정상 회담은 남북 분단 이후 최초의 남북 정상 회담이라는 데 그 가치가 있다. 이 회담에서는 남과 북이 나라의 통일 문제를 우리 민족끼리 서로 힘을 합쳐 자주적으로 해결해 나가기로 하였다.

① 근본
② 기능
③ 역할
④ 의의
⑤ 한계

16 통일 신라의 통치 체제 정비

글을 읽으면서 중요하다고 생각하는 낱말에 색칠해 보세요.

가 신라 무열왕의 아들인 문무왕은 고구려를 멸망시키고 당과의 전쟁을 승리로 이끌어 삼국 통일을 완성하였어요. 통일 후에는 백성의 생활을 안정시키는 데 힘을 기울였지요. 한편으로는 옛 백제인, 고구려인에게도 관직을 내리는 등 삼국의 백성을 ❶통합하려는 정책을 펼쳤어요. 이를 통해 왕권을 강화하고 민족 문화 발전을 위한 기초를 마련하였답니다.

나 문무왕이 죽고 그의 아들인 신문왕이 왕위에 올랐어요. 신문왕은 귀족들의 반란을 진압하면서 귀족 세력을 대거 ❷숙청하였어요. 그리고 교육 기관인 국학을 세워 유학을 ❸보급하며 이곳에서 왕권을 뒷받침할 인재를 양성하였지요. 또한 신문왕은 토지 제도를 정비하여 ㉠ 관리에게 관료전을 지급하고 녹읍을 폐지하였어요. 원래 녹읍을 받은 귀족들은 토지를 ❹경작하는 농민에게 세금을 걷고 노동력도 ❺징발할 수 있었어요. 그러나 녹읍이 폐지되면서 귀족들은 토지를 경작하는 농민에게 세금만 거둘 수 있었기 때문에 귀족들의 경제적 기반이 약화되었어요. 이러한 정책을 통해 신문왕은 왕권을 한층 강화하였답니다.

다 통일 이후 신라는 넓어진 영토와 늘어난 인구를 효과적으로 다스리기 위해 통치 제도를 정비하였어요. 신라의 중앙 정치는 왕의 명령을 수행하는 집사부를 중심으로 운영되었고, 귀족 회의인 화백 회의의 기능은 축소되었지요. 지방 제도도 정비하여 신문왕 때 전국을 9개의 ❻주로 나누고 주 단위 아래에는 군과 현을 두어 지방관을 보내 다스리게 하였어요.

라 군사 제도는 9서당과 10정으로 정비되었어요. 왕실과 수도를 지키는 중앙군인 9서당에는 신라인뿐만 아니라 옛 고구려인, 백제인과 말갈인 등도 포함하여 민족 통합을 ❼도모하였지요. 지방군인 10정은 주마다 1정씩 배치하였는데, 국경 지역에는 두 개의 정을 두어 국방력을 강화하고자 하였어요.

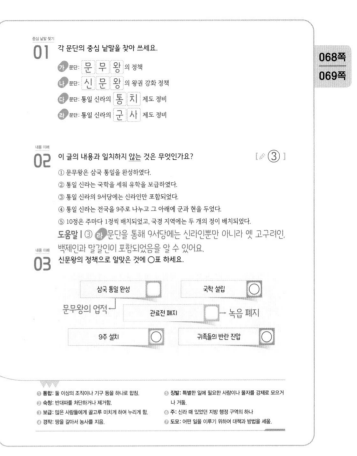

중심 낱말 찾기

01 각 문단의 중심 낱말을 찾아 쓰세요.

가 문단: **문 무 왕** 의 정책
나 문단: **신 문 왕** 의 왕권 강화 정책
다 문단: 통일 신라의 **통 치** 제도 정비
라 문단: 통일 신라의 **군 사** 제도 정비

내용 이해

02 이 글의 내용과 일치하지 <u>않는</u> 것은 무엇인가요? [✎ ③]

① 문무왕은 삼국 통일을 완성하였다.
② 통일 신라는 국학을 세워 유학을 보급하였다.
③ 통일 신라의 9서당에는 신라인만 포함되었다.
④ 통일 신라는 전국을 9주로 나누고 그 아래에 군과 현을 두었다.
⑤ 10정은 주마다 1정씩 배치되고, 국경 지역에는 두 개의 정이 배치되었다.

도움말 | ③ **라** 문단을 통해 9서당에는 신라인뿐만 아니라 옛 고구려인, 백제인과 말갈인이 포함되었음을 알 수 있어요.

내용 이해

03 신문왕의 정책으로 알맞은 것에 ○표 하세요.

삼국 통일 완성 □   국학 설립 ○
문무왕의 업적 ┐
관료전 폐지 □   녹읍 폐지
9주 설치 ○   귀족들의 반란 진압 ○

---

❶ 통합: 둘 이상의 조직이나 기구 등을 하나로 합침.
❷ 숙청: 반대파를 처단하거나 제거함.
❸ 보급: 많은 사람들에게 골고루 미치게 하여 누리게 함.
❹ 경작: 땅을 갈아서 농사를 지음.

❺ 징발: 특별한 일에 필요한 사람이나 물자를 강제로 모으거나 거둠.
❻ 주: 신라 때 있었던 지방 행정 구역의 하나
❼ 도모: 어떤 일을 이루기 위하여 대책과 방법을 세움.

내용 이해

04 통일 이후 신라의 통치 체제로 알맞지 <u>않은</u> 것은 무엇인가요? [✎ ①]

①	중앙 정치	화백 회의 중심
②	지방 행정	9주 설치
③	교육	국학 설립
④	군사	9서당 10정 설치
⑤	토지	관료전 지급

도움말 | ① 통일 이후 신라의 중앙 정치는 집사부를 중심으로 운영되었고, 화백 회의의 기능은 축소되었어요.

내용 이해

05 ㉠의 영향을 바르게 말한 어린이는 누구인지 쓰세요.

안영 왕의 권한이 약화되었어요.
재석 귀족의 경제적 기반이 약화되었어요.
한수 민족 문화 발전의 기초가 마련되었어요.

재석

내용 추론

06 이 글을 읽은 어린이가 다음 자료를 해석한 내용으로 알맞은 것은 무엇인가요? [✎ ⑤]

통일 신라는 전국을 9주로 나누고 옛 고구려 영역, 옛 백제 영역, 옛 신라 영역에 각각 3주씩 배치하였다. 지방의 주요 지역에는 신라의 귀족과 옛 가야, 고구려, 백제의 귀족들이 함께 살도록 하였다.

① 9주의 설치로 왕권이 약화되었음을 알 수 있어.
② 통일 신라에서 민족 문화 발달에 어려움을 보여 줘.
③ 통일 이후 신라가 넓어진 영토에 맞게 수도를 이동한 사실을 보여 줘.
④ 통일 신라가 고구려와 백제의 유민들을 차별하였음을 짐작할 수 있어.
⑤ 통일 신라가 지방 제도를 정비하면서 민족 통합에 힘썼음을 알 수 있어.

도움말 | 통일 신라의 지방 제도 정비는 민족 통합에 힘쓴 정책이었어요.

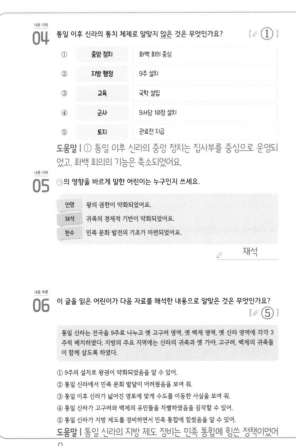

01 다음 낱말의 뜻을 찾아 선으로 이으세요.

1 숙청 ——— ㉠ 따라서 시행함.
2 수행 ——— ㉡ 반대파를 처단하거나 제거함.
3 국방력 ——— ㉢ 적의 침략으로부터 나라를 지키기 위한 군사적 힘

02 다음 문장의 빈칸에 들어갈 낱말을 **보기**에서 찾아 쓰세요.

보기
도모   진압   징발   통합

1 전쟁이 일어나자 주민들은 모두 군대에 (징발)되었다.
2 우리 민족의 독립운동은 일본군에 의해 강제로 (진압)되었다.
3 아버지는 회사 사람 간의 친목 (도모)을/를 위해 캠핑을 가셨다.
4 영수는 학급 회의에서 나온 친구들의 여러 의견을 (통합)하려고 하였다.

03 다음 글에서 밑줄 친 낱말과 바꾸어 쓸 수 있는 낱말은 무엇인가요? [✎ ②]

세종은 훈민정음을 널리 <u>퍼뜨리는</u> 데 힘을 기울였다. 그는 나라의 공식적인 일에 훈민정음을 사용하였고, 여러 가지 책을 훈민정음으로 편찬하였다. 또한 일부 관리를 뽑는 시험에 훈민정음을 포함하기도 하였다.

① 도모하는   ② 보급하는   ③ 수행하는
④ 숙청하는   ⑤ 진압하는

17 통일 신라의 불교문화

072쪽
073쪽

글을 읽으면서 중요하다고 생각하는 낱말에 색칠해 보세요.

가 삼국 통일 이후 신라에서는 백성의 마음을 하나로 모으기 위해 불교를 중요하게 여겼습니다. 통일 신라에서는 고구려와 백제의 불교가 신라 불교에 흡수되고 당에서 유학한 승려들이 활동하면서 교리에 대한 이해가 깊어졌어요. 불교가 폭넓게 발달하면서 보다 많은 사람이 불교를 받아들일 수 있게 되었지요.

나 승려인 원효와 의상은 통일 신라의 불교 발달에 큰 역할을 하였어요. 원효는 ^①종파 간의 ^②사상적 대립을 해결하려 하였어요. 백성에게는 어려운 불교 ^③교리 대신 '나무아미타불'만 외우면 극락에 갈 수 있다고 가르쳐 불교의 ^④대중화에 기여하였지요. 의상은 부석사를 비롯한 여러 사원을 세우고 제자들을 길렀어요. 그리고 화엄종이라는 새로운 불교 종파를 만들기도 하였지요.

다 통일 신라에서 불교가 융성하면서 불교 예술도 함께 발달하였답니다. 신라의 불교 예술을 대표하는 건축물로는 불국사와 석굴암이 있어요. 불국사는 경상북도 경주시 토함산에 있는 절로, 건물과 탑을 균형 있게 배치하여 불교에서 추구하는 ^⑤이상 세계를 표현하였어요. 불국사에 세워진 경주 불국사 3층 석탑과 다보탑은 화려하면서도 균형 잡힌 통일 신라의 석탑을 대표해요. 한편, 경주 불국사 3층 석탑에서는 무구정광대다라니경이라는 목판 인쇄물이 발견되었는데, 이는 현재 남아 있는 목판 인쇄물 중 가장 오래된 것으로 알려져 있어요.

라 ① 석굴암은 화강암을 쌓아 올려 동굴처럼 만든 신라의 절로, 중앙의 본존상을 중심으로 벽면에 새긴 여러 조각이 ^⑥조화를 이루고 있어요. 석굴암의 천장은 여러 개의 돌을 ^⑦아치형으로 쌓아 올리고 정상에는 크고 둥근 돌을 한 장 얹어 완성하였어요. 이는 다른 나라에서 찾아보기 힘든 높은 수준의 기술이에요. 또한 석굴암은 높은 기온과 습기로 동굴 내부가 훼손되는 것을 막기 위해 바닥에 항상 차가운 물이 흐르게 하였어요.

중심 낱말 찾기

01 각 문단의 중심 낱말을 찾아 쓰세요.

가 문단: 통일 신라의 **불교** 발달
나 문단: **원효** 와 의상의 활동
다 문단: **불국사** 의 특징
라 문단: **석굴암** 의 특징

내용 이해

02 다음 내용이 맞으면 ○, 틀리면 ×에 표시하세요.

① 석굴암에는 다보탑이 세워졌다. [○ / ⊗] → 불국사
② 불국사는 화강암을 쌓아 동굴처럼 만든 절이다. [○ / ⊗] → 석굴암
③ 삼국 통일 이후 신라에서는 불교가 쇠퇴하였다. [○ / ⊗] → 불교의 발달
④ 원효는 불교 종파 간의 사상적 대립을 해결하려 하였다. [◎ / ×]

내용 이해

03 다음 활동을 한 인물에 ○표 하세요.

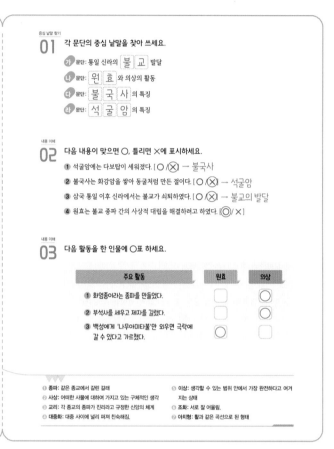

주요 활동	원효	의상
① 화엄종이라는 종파를 만들었다.	□	○
② 부석사를 세우고 제자를 길렀다.	□	○
③ 백성에게 '나무아미타불'만 외우면 극락에 갈 수 있다고 가르쳤다.	○	□

① 종파: 같은 종교에서 갈린 갈래
② 사상: 어떠한 사물에 대하여 가지고 있는 구체적인 생각
③ 교리: 각 종교의 종파가 진리라고 규정한 신앙의 체계
④ 대중화: 대중 사이에 널리 퍼져 친숙해짐.
⑤ 이상: 생각할 수 있는 범위 안에서 가장 완전하다고 여겨지는 상태
⑥ 조화: 서로 잘 어울림.
⑦ 아치형: 활과 같은 곡선으로 된 형태

074쪽
075쪽

내용 이해

04 다음에서 설명하는 문화유산을 이 글에서 찾아 쓰세요.

- 경주 불국사 3층 석탑에서 발견되었다.
- 현재 남아 있는 목판 인쇄물 중 가장 오래된 것으로 알려져 있다.

무구정광대다라니경

내용 이해

05 (가)~(라) 중 ①에 해당하는 문화유산의 기호를 쓰세요.

(가)   (나) → 경주 불국사

(다) → 첨성대   (라) → 백제의 벽돌 무덤

도움말 | 화강암을 쌓아 올려 동굴처럼 만들었고, 중앙에 본존상을 두었으며, 천장은 여러 개의 돌을 아치형으로 쌓아 올렸다는 설명을 통해 석굴암의 모양을 유추할 수 있어요.

내용 추론

06 이 글을 토대로 다음 자료에 나타난 원효의 업적을 쓰세요.

원효는 일찍이 수많은 마을에서 노래하고 춤추며 백성을 가르치고 읊조리며 다녀, 가난한 사람과 산골에 사는 것이 없는 자들까지도 모두 다 부처의 이름을 알게 되었고 모두 '나무아미타불'을 부르게 되었다.

∠ 원효는 불교의 대중화에 기여하였다.

도움말 | 제시된 자료는 원효의 활동으로 백성 사이에 불교가 퍼졌음을 보여 주어요.

---

01 다음 낱말의 뜻을 찾아 선으로 이으세요.

① 교리 ———— ㉠ 활과 같은 곡선으로 된 형태
② 사상 ———— ㉡ 각 종교의 종파가 진리라고 규정한 신앙의 체계
③ 아치형 ———— ㉢ 어떠한 사물에 대하여 가지고 있는 구체적인 생각

02 다음 밑줄 친 낱말의 뜻을 **보기**에서 찾아 기호를 쓰세요.

보기
㉠ 같은 종교에서 갈린 갈래
㉡ 대중 사이에 널리 퍼져 친숙해짐.
㉢ 외부에 있는 사람이나 사물 따위를 내부로 모아들임.

① 그 가수는 국악의 대중화를 위해 힘썼다. (㉡)
② 우리 배구 팀은 해체되어 다른 배구 팀에 흡수되었다. (㉢)
③ 신라 말에는 선종이라는 새로운 불교 종파가 유행하였다. (㉠)

03 다음 글의 밑줄 친 '이상'과 같은 뜻으로 사용된 문장은 무엇인가요? [∠ ⑤]

그가 발표한 회사의 사업 계획은 대체로 많은 사람들의 동의를 얻었다. 그러나 몇몇 사람에게는 그의 계획이 지나치게 이상적이라는 비판도 받았다.

① 이상이 내가 본 상황의 전부이다.
② 그는 몸에 이상을 느끼고 병원을 찾았다.
③ 나는 점심을 필요 이상으로 많이 먹었다.
④ 운동을 시작한 이상 최선을 다해 보기로 하였다.
⑤ 그는 자신의 이상을 실현하기 위해 끊임없이 노력하였다.

18 발해의 건국과 발전

076쪽
077쪽

글을 읽으면서 중요하다고 생각하는 낱말에 색칠해 보세요.

㉮ 고구려가 멸망한 후 당나라는 옛 고구려의 백성을 끌고 가서 당나라의 여러 지역에 옮겨 살게 하였어요. 그러나 고구려 유민은 당나라의 지배에 맞서 끈질기게 °저항하였지요. 결국, 698년 옛 고구려 장군 출신인 대조영은 당나라가 정치적으로 혼란한 틈을 타 고구려 유민과 말갈족을 이끌고 동모산 근처에 수도를 정하여 발해를 세웠어요. 발해의 건국으로 우리 역사는 남쪽의 신라와 북쪽의 발해가 °공존하는 남북국의 형세를 이루게 되었답니다.

㉯ 대조영의 뒤를 이은 무왕은 영토 확장에 힘써 만주 북부 지역까지 장악하였어요. 무왕의 뒤를 이은 문왕은 수도를 상경으로 옮기고 중앙과 지방의 통치 제도를 정비하였으며, 당의 발달한 °문물과 제도를 받아들였어요. 9세기 선왕 때 발해는 연해주에서 요동 지방까지 영토를 넓혀 고구려의 옛 땅을 대부분 되찾고 전성기를 맞이하였지요. 당에서는 이러한 발해를 가리켜 '바다 동쪽에 있는 °번성한 나라'라는 뜻의 해동성국이라 불렀어요. 그러나 발해는 귀족들의 권력 다툼이 심해지면서 국력이 점차 약해지다가 거란의 침입으로 멸망하고 말았답니다.

㉰ 발해는 고구려 유민이 중심이 되어 세운 나라인 만큼 고구려 °계승 의식이 강하였어요. 이러한 점은 역사 기록을 통해 알 수 있어요. 발해의 왕은 일본에 보낸 °외교 문서에 스스로를 '고려(고구려)' 또는 '고려(고구려) 왕'이라고 표현하며 고구려 계승 의식을 분명히 하였어요. 일본에서도 발해를 '고려(고구려)'라고 부르기도 하였지요. 당에서도 발해를 세운 대조영을 고려(고구려)의 별종이라고 여겼어요.

㉱ 발해가 고구려를 계승한 사실은 문화유산에서도 나타나요. 고구려와 발해는 건물의 지붕 모양이 비슷하였는데, 두 나라는 공통적으로 기와에 연꽃무늬를 새겼고, 지붕 끝에 생김새가 비슷한 치미를 만들어 얹었어요. 불상 등에서도 °유사한 특징이 나타나 발해의 고구려 계승 의식을 엿볼 수 있답니다.

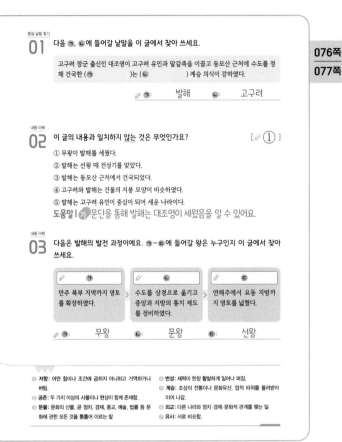

중심 낱말 찾기
01 다음 ㉠, ㉡에 들어갈 낱말을 이 글에서 찾아 쓰세요.

> 고구려 장군 출신인 대조영이 고구려 유민과 말갈족을 이끌고 동모산 근처에 수도를 정해 건국한 (㉠)는 (㉡) 계승 의식이 강하였다.

㉠: 발해 ㉡: 고구려

내용 이해
02 이 글의 내용과 일치하지 않는 것은 무엇인가요? [①]

① 무왕이 발해를 세웠다.
② 발해는 선왕 때 전성기를 맞았다.
③ 발해는 동모산 근처에 건국되었다.
④ 고구려와 발해는 건물의 지붕 모양이 비슷하였다.
⑤ 발해는 고구려 유민이 중심이 되어 세운 나라이다.
도움말 | ㉮ 문단을 통해 발해는 대조영이 세웠음을 알 수 있어요.

내용 이해
03 다음은 발해의 발전 과정이에요. ㉠~㉢에 들어갈 왕은 누구인지 이 글에서 찾아 쓰세요.

㉠	㉡	㉢
만주 북부 지역까지 영토를 확장하였다.	수도를 상경으로 옮기고 중앙과 지방의 통치 제도를 정비하였다.	연해주에서 요동 지방까지 영토를 넓혔다.

㉠ 무왕 ㉡ 문왕 ㉢ 선왕

° **저항**: 어떤 힘이나 조건에 굽히지 아니하고 거역하거나 버팀.
° **공존**: 두 가지 이상의 사물이나 현상이 함께 존재함.
° **문물**: 문화의 산물. 곧 정치, 경제, 종교, 예술, 법들 등 문화에 관한 모든 것을 통틀어 이르는 말
° **번성**: 세력이 한창 활발하게 일어나 퍼짐.
° **계승**: 조상의 전통이나 문화유산, 업적 따위를 물려받아 이어 나감.
° **외교**: 다른 나라와 정치·경제·문화적 관계를 맺는 일
° **유사**: 서로 비슷함.

내용 이해
04 다음 퀴즈의 내용이 맞으면 ○, 틀리면 ✕에 표시하세요.

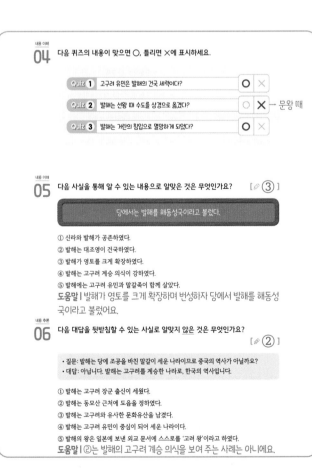

Quiz 1 고구려 유민은 발해의 건국 세력이다? ○ ✕
Quiz 2 발해는 선왕 때 수도를 상경으로 옮겼다? ○ ✕ ─ 문왕 때
Quiz 3 발해는 거란의 침입으로 멸망하게 되었다? ○ ✕

내용 이해
05 다음 사실을 통해 알 수 있는 내용으로 알맞은 것은 무엇인가요? [③]

> 당에서는 발해를 해동성국이라고 불렀다.

① 신라와 발해가 공존하였다.
② 발해는 대조영이 건국하였다.
③ 발해가 영토를 크게 확장하였다.
④ 발해는 고구려 계승 의식이 강하였다.
⑤ 발해에는 고구려 유민과 말갈족이 함께 살았다.
도움말 | 발해가 영토를 크게 확장하며 번성하자 당에서 발해를 해동성국이라고 불렀어요.

내용 추론
06 다음 대답을 뒷받침할 수 있는 사실로 알맞지 않은 것은 무엇인가요? [②]

> · 질문: 발해는 당에 조공을 바친 말갈이 세운 나라이므로 중국의 역사가 아닐까요?
> · 대답: 아닙니다. 발해는 고구려를 계승한 나라로, 한국의 역사입니다.

① 발해는 고구려 장군 출신이 세웠다.
② 발해는 동모산 근처에 도읍을 정하였다.
③ 발해는 고구려와 유사한 문화유산을 남겼다.
④ 발해는 고구려 유민이 중심이 되어 세운 나라이다.
⑤ 발해의 왕은 일본에 보낸 외교 문서에 스스로를 '고려 왕'이라고 하였다.
도움말 | ②는 발해의 고구려 계승 의식을 보여 주는 사례는 아니에요.

078쪽
079쪽

01 다음 뜻을 나타내는 낱말을 쓰세요.

① 두 가지 이상의 사물이나 현상이 함께 존재함. 공존
② 다른 나라와 정치·경제·문화적 관계를 맺는 일 외교
③ 어떤 힘이나 조건에 굽히지 아니하고 거역하거나 버팀. 저항

02 다음 빈칸에 들어갈 낱말을 오른쪽 상자에서 찾아 쓰세요.

① 음식점의 확장 으로 더 많은 사람이 식당을 이용할 수 있게 되었다. *범위, 규모, 세력 따위를 늘려서 넓힘.
② 세계화 시대에는 우리 전통문화를 계승 하고 발전시키는 것이 중요하다. *조상의 전통이나 문화유산, 업적 따위를 물려받아 이어 나감.
③ 아바스 왕조의 수도 바그다드는 세계의 시장으로 불릴 만큼 번성 하였다. *세력이 한창 활발하게 일어나 퍼짐.

번	성	철	수
한	열	외	계
계	사	교	승
인	확	공	존
재	장	세	비

03 다음 밑줄 친 내용을 모두 포함할 수 있는 낱말로 알맞은 것은 무엇인가요? [①]

> 중국 청나라 때는 많은 서양 선교사들이 중국을 오고갔다. 이 과정에서 중국의 유학, 도자기, 가구, 비단, 차 등이 유럽에 전해졌다. 유럽의 궁전에서는 중국의 청화 백자로 장식한 방이 유행하였고, 중국산 도자기에 중국산 차를 마시는 것이 유럽 상류층의 취미로 자리 잡았다.

① 문물 ② 사상 ③ 서적 ④ 제도 ⑤ 학문

19 발해의 문화

080쪽 / 081쪽

글을 읽으면서 중요하다고 생각하는 낱말에 색칠해 보세요.

가 발해는 고구려 문화를 기반으로 당나라의 문화를 받아들이고, 한반도 북부에 살던 민족인 말갈의 문화를 흡수하여 독자적인 문화를 발전시켰어요. 발해의 수도였던 상경성에서는 고구려에서 사용한 것과 같은 모양의 ^①온돌 시설과 불상, 기와 등이 발견되었어요. 발해의 고분도 고구려의 양식을 따른 것이 많은데, 정혜 공주 묘가 대표적이에요. 문왕의 딸인 정혜 공주의 묘는 고구려 고분 양식을 계승하여 ^②모줄임천장구조를 갖춘 굴식 돌방무덤 양식으로 만들었어요.

나 발해는 당나라의 문화도 받아들였어요. 상경성은 당나라의 장안성을 ^③모방하여 건설한 도시로, 장안성과 유사한 구조를 갖고 있었어요. 정효 공주의 무덤은 당나라의 영향을 받아 벽돌무덤으로 만들어졌고, 당나라 양식의 벽화가 그려지기도 하였어요. 한편, 발해는 말갈의 토착 문화도 흡수하였는데, 발해의 일반 백성들이 주로 만든 흙무덤, 말갈식 토기 등은 말갈의 문화 전통을 보여 주지요.

다 발해에서는 불교가 왕실과 귀족의 ^④후원을 받으며 ^⑤융성하였어요. 발해의 수도였던 상경성, 중경성 ^⑥일대에 절 터가 많이 발견되었고, 절터에서 많은 불상, 석등, 탑 등이 발견되어 발해에서 불교가 융성하였음을 엿볼 수 있지요. 발해의 불교는 고구려 불교문화의 전통을 계승하면서 당나라의 영향도 받았어요. 상경성에 남아 있는 석등의 연꽃무늬, 두 부처가 나란히 앉아 있는 모습의 이불병좌상 등에서 고구려 문화의 영향을 엿볼 수 있어요. 한편, 유일하게 남아 있는 발해의 탑인 영광탑은 당나라의 건축 기법으로 지어진 것이지요.

라 발해는 유학도 중요시하였어요. 유학을 통치 이념에 반영하였고, 교육 기관인 주자감을 세워 유학을 가르치고 인재를 양성하였지요. 발해의 유학자들은 사절단으로 일본에 가서 높은 ^⑦한문학 수준을 보여 주었어요. 또한 당에 유학하면서 외국인 대상 과거 시험인 빈공과에 합격한 사람들도 많았답니다.

중심 낱말 찾기

01 각 문단의 중심 낱말을 찾아 쓰세요.

가 문단: 고구려 문화를 기반으로 한 발해 문화
나 문단: 당 나라와 말갈의 문화를 받아들인 발해
다 문단: 발해의 불교 발달
라 문단: 발해의 유학 발달

내용 이해

02 이 글의 내용과 일치하지 않는 것은 무엇인가요? [⑤]

① 정혜 공주 묘는 고구려 고분 양식을 계승하였다.
② 발해에서는 불교가 왕실과 귀족의 후원을 받았다.
③ 상경성은 당나라의 장안성을 모방하여 건설하였다.
④ 발해는 말갈의 토착 문화를 흡수하여 흙무덤을 만들었다.
⑤ 발해는 국자감을 세워 유학을 가르치고 인재를 양성하였다.

도움말 | 라 문단에서 발해의 유학 교육 기관은 주자감임을 알 수 있어요.

내용 이해

03 발해 문화의 특징으로 볼 수 없는 것은 무엇인가요? [①]

① 말갈의 문화를 기반으로 하였다.
② 당나라의 문화 양식의 영향을 받았다.
③ 고구려 불교문화의 전통을 계승하였다.
④ 유학을 중요시하여 통치 이념에 반영하였다.
⑤ 불교가 융성하여 많은 불상, 탑 등을 세웠다.

도움말 | ① 발해는 고구려 문화를 기반으로 말갈의 토착 문화를 흡수하였어요.

❶ 온돌: 불기운이 방 밑을 통과하여 방을 덥히는 장치
❷ 모줄임천장: 모를 줄여 가며 올리는 천장
❸ 모방: 다른 것을 본뜨거나 본받음.
❹ 후원: 뒤에서 도와줌.
❺ 융성: 크게 번성함.
❻ 일대: 일정한 범위의 어느 지역 전부
❼ 터: 집이나 건물을 지었거나 지을 자리
❽ 한문학: 한문으로 된 문학

082쪽 / 083쪽

내용 이해

04 이 글의 내용과 일치하도록 괄호 안의 낱말 중 알맞은 것에 ○표 하세요.

❶ 발해는 [백제 / (고구려)] 문화를 기반으로 문화를 발전시켰다.
❷ 상경성은 [말갈 / (당나라)]의 장안성을 모방하여 건설한 도시이다.

내용 이해

05 다음에서 설명하는 문화유산을 이 글에서 찾아 쓰세요.

두 부처가 나란히 앉아 있는 모습의 발해 불상으로, 고구려 문화의 영향을 엿볼 수 있다.

✎ 이불병좌상

내용 추론

06 발해의 문화에 대해 바르게 말한 어린이는 누구인지 쓰세요.

가희 발해에서는 융합적인 문화가 발달하였던 것 같아.
성민 발해 문화의 대부분은 중국 문화를 기반으로 한 것 같아.
해준 불교 유적을 통해 발해가 신라 계승 의식을 가졌음을 알게 된 것 같아.

✎ 가희

도움말 | 고구려 문화를 기반으로 당나라, 말갈의 문화를 받아들인 것을 통해 발해에서 융합적인 문화가 발달하였음을 추론할 수 있어요.

내용 추론

07 다음 주장을 뒷받침하기 위해 조사할 내용으로 알맞은 것을 보기 에서 골라 기호를 쓰세요.

> 발해 문화는 고구려 문화를 기반으로 발전하였다.

보기
㉠ 상경성의 구조
㉡ 영광탑의 특징
㉢ 상경성 일대의 온돌 시설
㉣ 정혜 공주 묘의 고분 양식

✎ ㉢, ㉣

도움말 | 상경성과 영광탑은 당나라의 영향을 받았어요.

---

01 다음 낱말의 뜻을 찾아 선으로 이으세요.

1 기법 — ㉢ 기술이나 솜씨와 방법을 아울러 이르는 말
2 온돌 — ㉣ 불기운이 방 밑을 통과하여 방을 덥히는 장치
3 한문학 — ㉠ 한문으로 된 문학
4 모줄임천장 — ㉡ 모를 줄여 가며 올리는 천장

02 다음 문장의 빈칸에 들어갈 낱말을 보기 에서 찾아 쓰세요.

보기
터   모방   융성   일대

❶ 이곳은 예전에 절이 있던 (터)이다.
❷ 남부 지방 (일대)이/가 홍수로 어려움을 겪고 있다.
❸ 고구려는 광개토 대왕과 장수왕 때 크게 (융성)하였다.
❹ 다른 나라를 (모방)만 하지 말고 우리만의 제도를 만들어야 한다.

03 다음 글에서 밑줄 친 낱말과 바꾸어 쓸 수 있는 낱말은 무엇인가요? [⑤]

우리 배움터는 지난 10년간 여러 이름 모를 사람들의 <u>도움</u>을 받아 운영할 수 있었습니다. 앞으로도 많은 분들의 관심과 도움을 부탁드립니다.

① 모방 ② 수단 ③ 야심 ④ 주관 ⑤ 후원

20 신라 말의 혼란과 후삼국의 성립

글을 읽으면서 중요하다고 생각하는 낱말에 색칠해 보세요.

가 신라는 8세기 후반부터 흔들리기 시작하였어요. 혜공왕이 어린 나이로 **즉위하**자, 귀족 세력들이 자주 반란을 일으켜 왕권이 약해졌기 때문이지요. 결국 혜공왕이 귀족들의 반란으로 **피살**되었고, 이후 약 150년 동안 20명의 왕이 바뀔 정도로 사회는 혼란스러웠어요.

나 왕권이 약해지자 귀족들은 **호화로운** 생활을 하면서 농민들을 **수탈**하였어요. 게다가 전염병이 돌고 흉년까지 겹치면서 농민들의 생활은 더욱 힘들어졌지요. 그러던 중 진성 여왕이 관리를 보내 세금을 **독촉**하자, 농민들은 참지 못하고 **봉기**를 일으키기도 하였답니다.

다 중앙 정부의 통치력이 약해지자 지방에서는 호족이 성장하였어요. 이들은 자신의 근거지를 다스리고 스스로를 성주 또는 장군이라 부르며 왕처럼 행동하였어요. 호족들은 6두품 세력과도 손을 잡았어요. 6두품 세력은 능력이 뛰어나도 골품제 때문에 관직 진출에 제한을 받아 불만이 컸지요. 이러한 6두품 중 일부와 호족은 함께 새로운 사회를 건설하려고 하였어요.

라 신라 말에는 새로운 불교 종파인 선종이 유행하였어요. 선종은 경전을 읽는 것보다 마음을 닦아 깨달음을 얻는 것이 중요하다고 가르쳤지요. 이러한 선종은 호족과 백성의 큰 호응을 얻었어요. 이 시기에는 산과 하천의 모양이 인간 생활에 영향을 준다는 풍수지리설도 유행하였어요. 풍수지리설은 지방의 중요성을 강조하여 호족의 사상적 기반이 되었지요.

마 호족 중 견훤과 궁예는 나라를 세우고 왕이 되었어요. 견훤은 900년 완산주에서 후백제를 세웠고, 궁예는 901년 송악에서 후고구려를 세웠어요. 신라의 영토는 경상도 일대로 축소되었지요. 이렇게 한반도에서는 다시 삼국이 **대치**하는 후삼국 시대가 열리게 되었답니다.

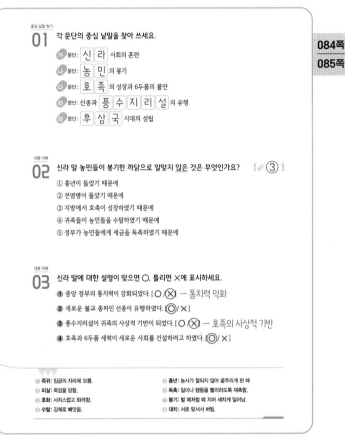

01 각 문단의 중심 낱말을 찾아 쓰세요.

- 가 문단: **신라** 사회의 혼란
- 나 문단: **농민**의 봉기
- 다 문단: **호족**의 성장과 6두품의 불만
- 라 문단: 선종과 **풍수지리설**의 유행
- 마 문단: **후삼국** 시대의 성립

084쪽 085쪽

내용 이해
02 신라 말 농민들이 봉기한 까닭으로 알맞지 **않은** 것은 무엇인가요? [③]
① 흉년이 들었기 때문에
② 전염병이 돌았기 때문에
③ 지방에서 호족이 성장하였기 때문에
④ 귀족들이 농민들을 수탈하였기 때문에
⑤ 정부가 농민들에게 세금을 독촉하였기 때문에

내용 이해
03 신라 말에 대한 설명이 맞으면 ○, 틀리면 ×에 표시하세요.
① 중앙 정부의 통치력이 강화되었다. [○ ⓧ] → 통치력 약화
② 새로운 불교 종파인 선종이 유행하였다. [ⓞ / ×]
③ 풍수지리설이 귀족의 사상적 기반이 되었다. [○ ⓧ] → 호족의 사상적 기반
④ 호족과 6두품 세력이 새로운 사회를 건설하려고 하였다. [ⓞ / ×]

① 즉위: 임금의 자리에 오름.
② 피살: 죽임을 당함.
③ 호화: 사치스럽고 화려함.
④ 수탈: 강제로 빼앗음.
⑤ 흉년: 농사가 잘되지 않아 굶주리게 된 해.
⑥ 독촉: 일이나 행동을 빨리하도록 재촉함.
⑦ 봉기: 벌 떼처럼 떼 지어 세차게 일어남.
⑧ 대치: 서로 맞서서 버팀.

내용 이해
04 다음에서 설명하는 세력을 이 글에서 찾아 쓰세요.

> 신라 말 지방에서 성장한 세력으로, 자신의 근거지를 다스리고 스스로를 성주 또는 장군이라 부르며 왕처럼 행동하였다.

호족

내용 이해
05 다음은 후백제와 후고구려의 건국에 대해 정리한 것이에요. ㉠~㉢에 들어갈 말을 이 글에서 찾아 쓰세요.

구분	건국 연도	세운 사람	건국 당시의 수도
후백제	900년	㉡	완산주
후고구려	㉠	궁예	㉢

㉠ **901년** ㉡ **견훤** ㉢ **송악**

내용 이해
06 선종과 풍수지리설을 모두 포함한 발표 주제로 알맞은 것은 무엇인가요? [⑤]
① 통일 신라의 성립
② 중앙 집권 강화 정책
③ 귀족의 후원을 받은 불교
④ 신라 말 농민 봉기의 원인
⑤ 신라 말 새로운 사상의 유행
도움말 | 신라 말에 선종과 풍수지리설이라는 새로운 사상이 유행하였어요.

내용 추론
07 가~마 문단 중 다음 글과 관련이 있는 문단은 무엇인가요? [②]

> 진성여왕 3년에 나라 안의 여러 주와 군에서 공물과 세금을 바치지 않아 나라의 창고가 텅 비고 나라의 씀씀이가 어렵게 되자 왕이 관리를 보내 독촉하니, 이로 인하여 곳곳에서 농민들이 벌 떼처럼 일어났다.

① 가 문단 ② 나 문단 ③ 다 문단 ④ 라 문단 ⑤ 마 문단
도움말 | 제시된 글은 신라 말 진성 여왕 시기에 농민들이 봉기를 일으킨 사실에 해당해요.

01 다음 뜻을 나타내는 낱말을 쓰세요.
① 죽임을 당함. **피살**
② 임금의 자리에 오름. **즉위**
③ 벌 떼처럼 떼 지어 세차게 일어남. **봉기**
④ 농사가 잘되지 않아 굶주리게 된 해. **흉년**

086쪽 087쪽

02 다음 빈칸에 들어갈 낱말을 오른쪽 상자에서 찾아 쓰세요.
① 그는 이사 간 집을 값비싼 물건들로 **호화**롭게 꾸몄다. *사치스럽고 화려함.
② 일본은 우리나라를 식민지로 삼고 토지를 **수탈**하였다. *강제로 빼앗음.
③ 범인들은 몇 가지 사항을 요구하며 경찰과 **대치**하였다. *서로 맞서서 버팀.

개	조	수	탈
발	호	평	봉
유	화	저	기
피	살	포	강
곤	대	치	설

03 다음 글에서 밑줄 친 낱말과 바꾸어 쓸 수 있는 낱말은 무엇인가요? [②]

> 나는 오늘 과제를 끝내고 연주와 공원에 놀러 가기로 하였다. 그런데 연주가 과제를 빨리 끝내라고 재촉하니 과제를 하는 속도가 더 느려졌다.

① 대치 ② 독촉 ③ 봉기 ④ 수탈 ⑤ 호응

실력 확인

실력
확인
088쪽

01 신석기 시대에 대한 설명으로 알맞은 것은 무엇인가요?　　　　[✎ ①]

① 농사를 짓고 가축을 길렀다.
② 철로 만든 농사 도구를 사용하였다.
③ 주로 동굴이나 바위 그늘에서 살았다.
④ 청동으로 무기나 제사 도구를 만들었다.
⑤ 주로 돌을 깨뜨려서 생활 도구를 만들었다.

도움말ㅣ②는 철기 시대, ③, ⑤는 구석기 시대, ④는 청동기 시대에 대한 설명이에요.

02 다음을 통해 알 수 있는 고조선 사람들이 중시한 경제 활동은 무엇인지 쓰세요.

> 환웅은 바람, 비, 구름을 다스리는 신하 등 무리 삼천 명을 이끌고 인간 세상에 내려왔다.

　　　　　　　　[✎ 농사]

도움말ㅣ 바람, 비, 구름은 농사에 중요한 날씨와 관련된 것으로, 당시 사람들이 농사를 중요하게 여긴 것을 알 수 있어요

03 고조선의 법 중 '사람을 죽인 자는 사형에 처한다.'라는 조항으로 알 수 있는 사실을 바르게 말한 어린이는 누구인가요?　[✎ ④]

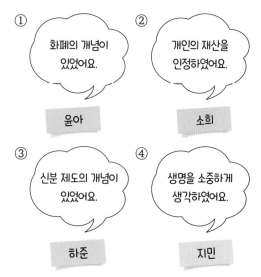

① 화폐의 개념이 있었어요. — 윤아
② 개인의 재산을 인정하였어요. — 소희
③ 신분 제도의 개념이 있었어요. — 하준
④ 생명을 소중하게 생각하였어요. — 지민

도움말ㅣ '사람을 죽인 자는 사형에 처한다.'라는 법 조항을 통해 고조선 사람들이 생명을 소중하게 여겼음을 알 수 있어요.

04 다음 설명에 해당하는 나라는 어디인가요?　　　　　　　　[✎ ②]

> 왕과 마가, 우가, 저가, 구가라 불리는 가들이 각자의 영역을 다스렸다.

① 동예　　　　② 부여
③ 옥저　　　　④ 삼한

도움말ㅣ 부여는 왕과 마가, 우가, 저가, 구가라 불리는 가들이 각자의 영역을 다스렸어요.

05 다음 **보기** 에서 백제 성왕의 업적을 모두 골라 기호를 쓰세요.

> **보기**
> ㉠ 사비로 도읍을 옮겼다.
> ㉡ 마한의 목지국을 흡수하였다.
> ㉢ 백제의 전성기를 맞이하였다.
> ㉣ 신라와 함께 고구려를 공격하여 한강 유역을 되찾았다.

　　　　　　　　[✎ ㉠, ㉣]

도움말ㅣ ㉡은 고이왕, ㉢은 근초고왕의 업적이에요.

06 고구려 소수림왕의 업적으로 알맞지 **않은** 것은 무엇인가요?　　　　[✎ ④]

① 불교 수용　　　② 율령 반포
③ 태학 설립　　　④ 한강 유역 차지

도움말ㅣ ④는 고구려 장수왕의 업적이에요.

07 다음 ㉠에 들어갈 신라 왕의 업적으로 알맞은 것은 무엇인가요?　　　[✎ ①]

지증왕　▶　 　▶　진흥왕

① 불교를 공인하였다.
② 대가야를 정복하였다.
③ '왕' 칭호를 사용하였다.
④ 김씨의 왕위 세습을 확립하였다.
⑤ 고구려를 공격하여 함흥평야까지 진출하였다.

도움말ㅣ ㉠은 법흥왕이에요. ②, ⑤는 진흥왕, ③은 지증왕, ④는 내물왕의 업적이에요.

116

08 금관가야에 대한 설명으로 알맞지 <u>않은</u> 것은 무엇인가요? [✎ ②]

① 낙랑, 왜와 교류하였다.
② 고령 지역에 자리 잡았다.
③ 질 좋은 철을 많이 생산하였다.
④ 가장 먼저 가야 연맹을 주도하였다.
⑤ 5세기 고구려가 신라에 침입한 왜를 물리치는 과정에서 타격을 입어 쇠퇴하였다.

도움말 | ②는 금관가야는 김해 지역에 자리 잡았어요.

09 ㄱ~ㄷ에 들어갈 삼국 시대의 신분을 알맞게 연결한 것은 무엇인가요? [✎ ③]

ㄱ	노비가 대부분을 차지하였다.
ㄴ	주로 농사를 지으며 나라에 세금을 바쳤다.
ㄷ	대대로 신분을 세습하면서 관리가 되고 많은 토지를 가질 수 있었다.

	ㄱ	ㄴ	ㄷ
①	귀족	천민	평민
②	천민	귀족	평민
③	천민	평민	귀족
④	평민	귀족	천민

도움말 | ㄱ은 천민, ㄴ은 평민, ㄷ은 귀족에 대한 설명이에요.

10 다음 대화의 밑줄 친 '이 종교'는 무엇인가요? [✎ ②]

삼국이 왕권을 강화하는 과정에서 이 종교를 받아들인 이유는 뭘까?

이 종교의 '왕은 곧 부처'라는 사상이 왕권을 뒷받침하였기 때문이지.

① 도교   ② 불교
③ 유교   ④ 천도교

도움말 | 삼국은 불교의 '왕은 곧 부처'라는 사상이 왕권 강화에 도움이 되었기 때문에 불교를 적극 수용하였어요.

11 다음 문화유산을 통해 알 수 있는 백제 문화의 특징으로 알맞은 것은 무엇인가요? [✎ ④]

• 칠지도	• 백제 금동 대향로

① 천문학이 발달하였다.
② 불교 예술이 발달하였다.
③ 천문도 제작이 활발하였다.
④ 금속 공예 기술이 발달하였다.
⑤ 유교를 국가 통치 수단으로 활용하였다.

도움말 | 철로 만든 칠지도, 백제 금동 대향로는 백제의 금속 공예 기술이 우수하였음을 보여 주어요.

12 굴식 돌방무덤에 대한 설명으로 알맞지 <u>않은</u> 것은 무엇인가요? [✎ ③]

① 삼국에서 모두 만들어졌다.
② 내부에 벽화를 그리기도 하였다.
③ 도굴이 어려워 많은 껴묻거리가 보존되었다.
④ 신라에서는 6세기 말 이후에 많이 만들어졌다.
⑤ 돌로 널방을 만들어 통로를 연결한 후 그 위에 흙을 덮었다.

도움말 | ③은 돌무지덧널무덤에 대한 설명이에요.

13 다음에서 설명하는 나라는 어디인지 쓰세요.

삼국 중 일본과 가장 활발하게 교류하였는데, 아직기와 왕인은 일본에 한문, 논어 등의 학문을 전해 주었다.

✎ 백제

도움말 | 백제는 삼국 중 일본과 가장 활발하게 교류하였어요.

14 살수 대첩에 대한 설명으로 알맞은 것은 무엇인가요? [✎ ①]

① 을지문덕이 고구려군을 이끌었다.
② 천리장성 축조가 원인이 되어 일어났다.
③ 안시성의 백성들이 결사적으로 저항하였다.
④ 당이 고구려 요동성과 백암성을 함락하였다.
⑤ 당이 연개소문의 정변을 핑계 삼아 고구려를 침입하면서 시작되었다.

도움말 | 살수 대첩은 을지문덕이 이끄는 고구려 군대가 후퇴하는 수의 군대를 살수에서 거의 전멸시킨 전쟁이에요.

15 다음 는 삼국 통일 과정에서 있었던 일들이에요. 이를 일어난 순서대로 기호를 쓰세요.

> **보기**
> ㉠ 백제가 멸망하였다.
> ㉡ 고구려가 멸망하였다.
> ㉢ 나당 동맹이 맺어졌다.
> ㉣ 신라가 매소성 전투, 기벌포 전투에서 승리하였다.

 ㉢ ▶ ㉠ ▶ ㉡ ▶ ㉣

도움말 | 나당 동맹을 맺은 이후 나당 연합군이 백제와 고구려를 차례로 멸망시켰고, 이후 신라가 매소성 전투와 기벌포 전투에서 당군을 몰아내어 삼국 통일을 완성하였어요.

16 다음 가상 인터뷰의 밑줄 친 '왕'은 누구인가요? [③]

> **기자** 안녕하세요. 관리에게 관료전을 지급하고 녹읍을 폐지한 이유는 무엇입니까?
> **왕** 귀족들의 경제적 기반을 약화하고, 왕권을 강화하기 위해서지요.
> **기자** 국학을 세우신 것도 같은 이유에서 입니까?
> **왕** 왕권을 뒷받침할 인재를 양성하기 위해서이니, 왕권 강화를 위한 정책이라는 점에서는 비슷할 수 있겠습니다.

① 무열왕   ② 문무왕
③ 신문왕   ④ 진흥왕

도움말 | 관료전을 지급하고, 국학을 세운 왕은 신라의 신문왕이에요.

17 다음 활동을 한 인물은 누구인가요? [①]

> 백성에게 어려운 불교 교리 대신 '나무아미타불'만 외우면 극락에 갈 수 있다고 가르쳐 불교의 대중화에 기여하였다.

① 원효   ② 의상
③ 자장   ④ 혜초

도움말 | 통일 신라의 승려 원효는 불교의 대중화에 기여하였어요.

18 다음 중 검색 결과로 알맞은 것은 무엇인가요? [✎ ②]

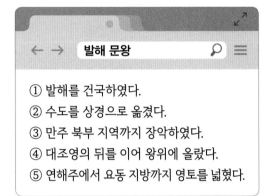

> ← → **발해 문왕** 🔍 ≡
>
> ① 발해를 건국하였다.
> ② 수도를 상경으로 옮겼다.
> ③ 만주 북부 지역까지 장악하였다.
> ④ 대조영의 뒤를 이어 왕위에 올랐다.
> ⑤ 연해주에서 요동 지방까지 영토를 넓혔다.

도움말 | ①은 대조영, ③, ④는 무왕, ⑤는 선왕에 해당하는 설명이에요.

19 ㉠에 공통으로 들어갈 나라로 알맞은 것은 무엇인가요? [✎ ④]

> 발해는 (㉠) 문화를 계승하였다. 상경성에서는 (㉠)에서 사용한 것과 같은 모양의 온돌 시설이 발견되었고, 정혜 공주 묘는 (㉠)의 고분 양식을 따라 만들어졌다.

① 당   ② 말갈
③ 신라   ④ 고구려

도움말 | 발해는 고구려 문화를 기반으로 문화를 발전시켰어요. 상경성에서는 고구려의 것과 유사한 온돌 시설이 발견되었고, 정혜 공주 묘는 고구려 고분 양식을 따라 만들어졌어요.

20 신라 말의 사회 모습으로 알맞은 것을 **보기**에서 고른 것은 무엇인가요? [✎ ②]

> **보기**
> ㉠ 농민들이 봉기를 일으켰다.
> ㉡ 지방에서 호족이 성장하였다.
> ㉢ 선종과 풍수지리설이 유행하였다.
> ㉣ 중앙 정부의 통치력이 강화되었다.

① ㉠, ㉡   ② ㉠, ㉡, ㉢
③ ㉡, ㉢, ㉣   ④ ㉠, ㉡, ㉢, ㉣

도움말 | ㉣ 신라 말에는 중앙 정부의 통치력이 약화되었어요.

memo

memo